新しい

# 卵ドリル

おうちの卵料理が見違える！

フードアクティビスト
松浦達也

マガジンハウス

# はじめに ～その卵、もっとおいしくなります！～

多くの人にとって、たまごは身近で便利な食材です。「物価の優等生」と称された頃から、現在に至るまで、さまざまな形で食卓に上ってきました。確かに少々適当に扱っても、そこそこおいしくなるのが卵。それもまた魅力的なところ！

……ではあるのですが、身近で頼れるからこそ、「いつもの」メニューを手なりで作ってしまいがちな素材でもあります。

卵が見せる表情は実にさまざま。水と油のどちらにもなじむ特殊な性質や、泡立つ起泡性など、他の食材にはない特質をいくつも持ち合わせています。でも身近なせいか、ついいつものように手なりで作ってしまいがち。

もっとおいしくなるのにもったいない料理の代表格。それが卵料理なのです。よく卵料理は「シンプルなだけに難しい」と言われます。確かに、高度な技術を積み重ねるプロの料理にはそういう側面もあるようです。しかし家庭の卵料理には、本来そこまでの難しい技術は必要ありません。卵の特性や温度管理に、少し気をつけるだけで、卵メニューは、いますぐおいしくなるのです。

この本の執筆にあたり、古今東西の卵料理を改めて調べ直しました。そして約8000個の卵を使ってレシピを検証するなかで気づいたことがあります。その昔、熟練の技術が必要だった卵料理のなかには、調理道具の進化で家庭でも再現できるようになったメニューがあります。フッ素樹脂加工のフライパン、スティックミキサー……。そうしたツールは、その昔の高い技術を請け負ってくれ、難しかった料理の再現に一役買ってくれるようになったというわけです。必要なのは卵に対する正しい知識と理論。たとえば、ゆで卵ひとつとっても、ちょっとしたコツで、むきやすさや仕上がりは劇的に向上します。むやみに塩や酢を使う必要なんてありません。

ときたまネット上で流行する、冷凍卵のようなメニューを試してみるのも楽しいものですが、日常を豊かにしてくれるのは、実は毎日つくる、ゆで卵のほうだったりします。

今回は「おうちの卵料理」を少しでもおいしく、上手に作ることができるよう、新しい理論や現代の一般的な調理道具を土台に組み立てなおしてみました。この本によって、お手持ちのレシピがより周囲の方々に喜んでいただけるようになったらいいな。そんなことを考えています。

2016年11月●日　松浦達也

# この本に書いてある、〝卵の法則〟5

## 1 卵は新鮮じゃなくてもいい！

「新鮮こそが最高」はすべての食材に当てはまるものではありません。素材や調理の目的によっては、適切な環境において寝かせておいたほうがおいしくなります。卵にだってそういうケースは少なくありません。ゆで卵や洋菓子などは、少し古い卵のほうが上手に作りやすいこともあるのです。

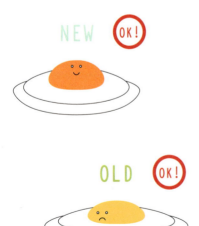

# 2 水分&油分でおいしさUP

卵は水分・油分の両方となじみやすい、ちょっと珍しい特徴を持っています。特に卵黄に含まれるレシチンは、水にも油にもなじみやすい、不思議な性質。油になじみ、水にも溶ける。バターを使ったオムレツも、オイルたっぷりのマヨネーズも卵だからこそまとめあがる奇跡なのです。

# 3 トロふわちゅるん。おいしさ変幻自在

卵料理は変幻自在。食感もオムレツのトロトロ、カステラのふわふわ、茶碗蒸しのちゅるん……。ほかにも、固ゆで卵の黄身のポクポクした食感や、白身のプツッという食感など無限の表情を見せてくれます。カギになるのは温度と味つけ。もちろん主食、おかずからデザートまで、塩気も甘味も多彩な味を受け止めます。

## 4 すべての味と食感をつなぐ万能食材

例えば、なぜチャーハンは真っ先に卵を炒めるのでしょう。なぜカルボナーラはチーズを入れた卵液を温めながら、パスタと和えるのでしょう。それは卵に、異なる素材同士の仲を取り持つ力があるから。その上で、全体の味を底上げする。卵は主役から脇役まで、どんな役をもこなす万能の役者です。

## 5 卵こそ、最高のソースになる

半熟にトロ〜ッと温められた卵黄のハムエッグや、カリッカリに焼けたベーコンと卵黄は抜群の相性。卵黄は最高のソースになるのです。よく考えたら少なくとも明治時代以降のすき焼きなど日本人は卵の黄身をソースとして使ってきた歴史があります。

＼新常識が満載！／

〝卵の法則で〟
一生卵がうまく
なるんです！

# もくじ



**本書の見方**

- 計量の単位は、１カップ＝200mℓ、大さじ＝15mℓ、小さじ＝5mℓです。
- 卵はMサイズ（58〜64ｇ）を基準としています。
- 特別に記述がない場合、フライパンはフッ素樹脂加工素材のものを使用しています。

第4章

＼再現できる！／

第1章

# 卵を焼く 新しい基本

／まずは、〃焼く〃から見直す！／

目玉焼き、だし巻き卵、オムレツ。「それくらいなら！」とつい言いたくなるけれど、実はこの手の料理をきちんと作るのは難しいもの。むしろ「できなくて当たり前」のつもりで始めましょう。

menu 001

／内側はとろふわパラダイス！＼

# オムレツ

多めのバターのリッチな風味

POINT!!

## 外を薄～く固めて内側を半熟に

オムレツづくりは難しい!? でも理論と工夫でカバーできるんです。樹脂加工フライパンならうまくできるはず。

**■材料［1人前］**

卵……2個
（あれば）牛乳……大さじ1
塩……ひとつまみ
バター……15g
胡椒、ケチャップ……各適宜

※直径20cm程度の樹脂加工フライパンの場合

**■作り方**

**I 卵液をつくる**

ボウルに卵を溶き、牛乳、塩を入れて、さらに溶き混ぜる。

**II バターとともに加熱する**

バターを入れたフライパンを中火にかける。バターがすべて溶け、油がふつふつし始めたらIを注ぎ、鍋を前後に動かしながら菜ばしでよくかき混ぜる。

**III 巻く**

P.17の3の工程から、できそうなルートを選択。皿に盛り、好みでケチャップや胡椒などを添える。

くわしくは次ページへ！←

## バター多めがポイント

牛乳という水分とバターという油脂分はまさに「水と油」。しかし卵黄に含まれるレシチンが両者をつないで乳化してくれます。バター多めなので、生クリームを入れなくても、濃厚な風味に。

How to cook!

／誰でもきれいなオムレツが巻ける＼

# パーフェクトオムレツチャート

**レベルに合わせてルートを選択**

前ページでざっくり作り方を説明しましたが、オムレツを巻くのはわりとたいへん。でもちょっとした工夫で誰でもきれいなオムレツが巻けるようになるんです。

←--- 自信あり

←--- 不安…

POINT!!

- 外側には薄い皮の膜づくり
- 内部は細かく混ぜて均等な半熟
- 継ぎ目がつけばできたも同然

**用意するもの**

卵
塩
牛乳
バター
ボウル
フライパン
菜ばし
ターナー

## 1 卵を溶く

しっかり溶くところ！

まずは卵をきっちり溶く。牛乳の水分、バターの油分の両方となじむ土台をつくる、クリーミーな仕上がりへの第一歩目。

↓

## 2 フライパンに入れる

直径20cmの小さなフライパンで卵2個が最小単位。中火でバターを完全に溶かしきった頃が、卵の入れ頃。

## 3 まず全体を半熟に

火力と半熟を
見極めて

鍋と菜ばし、両方を動かして混ぜる。全体が均一になるよう、時々火から外してもいい。自信がなければ早めに左のマスへ。

半熟に
自信ない

### ボウルに取り出してかくはんする

まぜまぜ！

フライパンで一気に半熟を作らなくても、ボウルで落ち着いてかくはんすればOK。大切なのはキメの細かい均質な半熟づくり。

半熟に
自信あり

## 4 奥に寄せてまとめる

やさしく！

弱火で温度を落ち着かせながら、フライパンの奥（写真手前）でオムレツの形をつくる。この時点で、両サイドの形もきちんとまとめておく。

トントン
自信ない

### 手前に転がす

棒状を保ちながら、鍋を手前(写真奥)に傾け、ターナーでやさしく転がす。継ぎ目が下にきたところで、一呼吸置いて継ぎ目を焼いて接着させる。

トントン自信あり

## 5 完成

やわらかく
仕上げよう

外は薄皮、中は全域で半熟が理想の仕上がり。そこから逆算して適切なルートを選択しよう。進化した現代の道具が技術を底上げしてくれます。

**memo:**

鉄製と違って温度が下がってもくっつかない樹脂加工のフライパンなら、フライパンの熱さ保持は考えなくていい。自分のペースでまとめてOK。

menu 002

## スクランブルエッグ

／炒り卵とは別物です＼

トロトロ食感のホテル仕様

POINT!!

**ひたすら弱火だからこそたどり着く味**

難しい技術なんて必要なし。弱火にかけた鍋を根気強く混ぜ続ける。たったそれだけで、未知なる味の扉が開きます。

**■材料［1人前］**

卵……2個
牛乳……大さじ2
塩……ひとつまみ
バター……20g

**■作り方**

**I 卵液をつくる**

ボウルに卵を溶き、牛乳、塩を入れて、しっかり溶き混ぜる。

**II バターとともに加熱する**

バターを入れた樹脂加工フライパンを弱火にかける。バターがすべて溶けたらIを注ぎ、シリコンターナーで底面をこそぐようにひたすらかき混ぜる。加熱ムラを感じたら、濡れふきんで少し冷ます。まずは弱火を徹底すること。

**III 仕上げる**

全体がクリーム状になって、もったりとした調子になってきたら火から下ろす。

※卵は、高温だとあっという間に凝固してボソボソになる。卵白と卵黄の混合卵の凝固温度は66℃。60℃台を目標に、ゆっくり加熱してしっとり、とろーりな仕上がりに。

## 均一に全体の温度を上げていく

火に当たる部分が固まる前に底から混ぜ、全体の温度を均一に上げていく。量によってはかなり時間がかかるのでとにかく根気よく。生クリームを使うなら牛乳とバターは減らしていい。

## 卵とバターの仲の良さを知れば オムレツとスクランブルエッグはもっとおいしくなる

オムレツやスクランブルエッグなど、洋食における卵料理にとってバターや牛乳、生クリームに含まれる乳脂肪は欠かすことのできないパートナーです。

例えばオムレツをつくる卵液に、乳脂肪が入ったクリームを混ぜると安定した卵液が作りやすくなります。加熱時の性質などを調べた研究論文でも、乳脂肪クリームを混ぜた卵液は、菜種油を加えたものよりも、加熱したときにやわらかく、なめらかになるという結果も出ています。

卵、とりわけ卵黄に含まれるレシチンは水にも油にもなじむ性質を持っています。本来、混じり合わない水と油も、いわゆる「乳化剤」になる成分が間を取り持つと、一定の条件で混じり合います。

そして卵黄のレシチンは乳化剤そのもの。酢、油、卵黄から構成されるマヨネーズなどは象徴的なソースですし、本書のエッグベネディクト（P.58）で使われているオランデーズソースも、卵黄のレシチンの特性を活かしたソースです。

先に紹介した、オムレツやスクランブルエッグに生クリームは使っていませんが、代わりにバターと牛乳を加えています。少し多めのバターと牛乳を卵に加えることによって、生クリームを使わずともやわらかさとなめらかさを、オムレツやスクランブルエッグに与えることができるのです。

ちなみにあの独特のとろりとした食感にはもうひとつ秘密があります。固ゆで卵を切るとわかるように、卵黄は細かい粒子の集合体です。ところが生の卵黄に塩を少し加えると、この細かな粒子が小さくバラバラになります。このことによって、口当たりがまろやかに、スムーズになるというのです。

「卵＋塩分」という料理を考えてみると、オムレツ、だし巻き卵、マヨネーズ、茶碗蒸し……。卵料理のなかでも口当たりのよさが際立つものが目立ちます。まだ調理が科学ではなく、経験値の蓄積だった頃の先達はなんと偉大だったのでしょう。

そうしたレシピの要諦を読み解けば、特徴をさらに強化したり、簡略化させるだけでなく、卵料理を新しいステージへと進化させることもできるはず。

まとめサイトなどによくあるキャッチーさだけを追い求めた小手先のレシピや、理由もなくただ手順を省いただけの「〇〇だけレシピ」では誰をも満足させられません。もてなしの心は「少しでもおいしく」と工夫を重ねる理論と実践のなかにあるのです。

# ＼必ず見つかる！／
# 自分史上最高の目玉焼き

いつもの目玉焼き、本当に食べたかった一枚ですか？

目玉焼き、それはつい習慣で作ってしまい、アップデートされないメニューの代表格。自分史上最高の目玉焼きが焼ければ、これからの人生が変わります。

選択肢はこの３つ

① 好きな色は？
② 好きな食感は？
③ 半熟？よく焼き？

【重要】
## まずはココから！

フライパンに直接割り入れるのは、殻の混入リスク、黄身の置き位置の失敗などいいことなし。小さな容器に割ってからフライパンへ。

高い位置から落とすと、油ハネリスクに加え、黄身を構成する「卵黄球」がつぶれ、粘度の高い食感になってしまう。特に意図がないなら扱いはやさしく。

1

レアからミディアム

## きれいな黄色が出したければ

ごはんにも合う！

### フタをせず待つ

家庭科ばかりが正解じゃない。白身のすべてに火を通さなくても卵はおいしい。ごはんにのせて、醤油をひとまわし！

2

ミディアムからウェルダンまで

## カリッと食感なら裏返そう！

パンにサイコー！

### ターンオーバー

両面をきっちりと焼き上げながら、内部はトロ〜ン（もしくはしっとり）仕上げもできる。サンドイッチに最高です！

3

焼き加減、自由自在

## なめらかな舌ざわりと弾力にこだわるなら

ベーコンエッグ
にもいいよね

### フタの出番だ！

学校の授業でも習う伝統的な目玉焼き。卵黄をミディアムレアに仕上げるならフタ＋水を入れて上と下から同時にやさしく加熱！

# おいしい目玉焼きのために知っておきたいこと

ゆで卵や目玉焼きといった、白身と黄身それぞれの特徴を活かした料理は単純に見えて実は難しいもの。卵や肉といったたんぱく質料理の先進国、アメリカの科学調理の本にも「完璧なゆで卵の調理法を20人のシェフに聞いたら、20の違う答えが返ってくるに違いない」(『Modernist Cuisine』)と書かれているほどです。

前ページで基本的な目玉焼きのバリエーションを紹介しましたが、この他にも目玉焼きにはものすごい数のバリエーションがあります。例えば以前、NHK「ガッテン!」の目玉焼きの回では「卵黄と卵白をわけ、先にフライパンに卵黄を入れて加熱。後から白身を流し込んで蒸し焼きにする」というレシピが紹介されていましたし、国内最大のレシピサイト、クックパッドで「目玉焼き」というキーワードで検索すると約5000ものレシピがヒットします。「どれだけバリエーションがあるのか」という気にもなりますが、言い換えればたった60グラムの卵ひとつ焼くのにも、誰も〝正解〟を見つけられていない。つまり正解はないということになります。

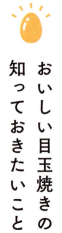

ただし正解はなくても、理屈にのっとって卵黄、卵白それぞれの物性と考え方を整理することはできるでしょう。

### 卵黄編

- 生の状態でも味噌や醤油のように塩分が含まれた調味料に浸けると粘性を増す。
- 卵黄は60℃台で粘性を増し、60℃台後半から70℃で凝固する。
- 70℃台ではしっとり感は残る。80℃以上になるとしっとり感もなくなっていく。

### 卵白編

- 卵白は60℃あたりからゲル化が始まり、70℃あたりまではゲル状を保つ。
- 70℃台中盤でほぼ凝固するが、90℃あたりまで食感はゆるやかに変化する（少しずつ固くなっていく）。
- 熱凝固した後でも、塩分が含まれた調味料に浸けると脱水作用で固さが増す。

温泉玉子や味つけ玉子といったゆで卵系料理のバリエーションは、こうした物性の変化の組み合わせによるもの。そして調理中の温度管理や手法の組み合わせ方次第では卵料理には進化の余地がたくさん残されているはずなのです。

menu 003

＼保水性を上げたふるふる／

# だし巻き卵

卵の中からだし汁ジュワァッ!!

POINT!!

**ほんの少しの片栗粉で効果抜群！**

少しの片栗粉を加えることで、卵が持っている保水力が劇的に向上。ふるふるジュワッ！のだし巻きになります。

■材料［2人前］

全卵……2個
だし汁……100mℓ
薄口醤油……小さじ1
砂糖……小さじ1
片栗粉……小さじ1
サラダ油……適量
大根おろし……適宜

■作り方

**I 卵液をつくる**

全卵2個をしっかり溶き、だし汁、砂糖とよく混ぜる。薄口醤油で片栗粉を溶き、卵液に合わせる。

**II 焼く準備をする。**

小さな容器にサラダ油を入れ、キッチンペーパーを小さく折りたたんで浸けておく。卵焼き器を中火にかけ、油をなじませる。菜ばしの先で卵液をつけて「チュッ」と音がする程度まで温める。

**III 焼く**

直前にもう一度混ぜた卵液60mℓを卵焼き器に注ぎ、奥から手前へと菜ばしで巻いていく。キッチンペーパーでまんべんなく2度目の油をひき、卵を奥へと移動させ、その下に卵液を注いで巻いていく。この工程をもう2～3回繰り返す。焼き上がったら皿に盛り、大根おろしを添える。

2回目以降に注ぐ卵液は、巻いた卵を持ち上げ、その下にも入れる。

ふるふる食感！

## 卵：だし汁＝１：１も楽ちん

通常のだし巻き卵では、卵とだしの比率が２：１程度でも水分が出てきてしまいやすい。少量の片栗粉や砂糖が入ると、比率１：１でも水分をしっかりキープできる。温かくておいしく、冷めてなおうまい。

menu 004

## ／西早稲田・八幡鮨直伝／
# 薄焼き卵
海老と白身魚のすり身で上品な甘さ

POINT!!

### 白身魚で際立つ卵のふんわり食感

海老と白身魚のすり身が入った江戸前伝統の薄焼き卵。できれば白身魚は市販品なら刺身用をすり身にしたい！

■材料［2人前］
卵……3個
白身魚……80g
小海老（バナメイ海老など）……20g
大和芋……15g
塩……ひとつまみ
醤油……小さじ1
砂糖……50g
みりん……小さじ2
サラダ油……適量

■作り方

**I 下ごしらえをする**

小海老は殻をむき、塩や片栗粉（分量外）でよくもんで洗う。大和芋は皮をむいてすりおろす。小海老、白身魚、塩、醤油をフードプロセッサーにかけ、ペースト状になったら大和芋を加え全体が均等になるよう混ぜる。

**II 卵液をつくる**

ボウルに卵を溶き、砂糖、みりん、Iと合わせ、泡立てないよう注意しながら、よく混ぜる。

**III 焼く**

卵焼き器に油をひき、ごく弱火にかけてIIを入れる。上にアルミホイルをかぶせ、8〜10分焼く。その後、ホイルを取り、オーブントースター（上火、下火を調整できるタイプなら上火のみ）で3分焼き、表面に焼き目をつける。

## 海老と白身魚が香る！

### 江戸前の焼きを再現

「寿司玉」とも言われる薄焼き卵。海老や白身魚のすり身を加えた、絶品の卵焼きを家庭でも作れるよう、明治元年創業の西早稲田「八幡鮨」の五代目、安井栄一さんに教えていただきました。コツはなるべく泡立てないこと。

## なぜだし巻き卵に砂糖やみりんを入れるのか

外国人観光客、特に欧米人にだし巻き卵を紹介すると、食べる前はたいして興味のなさそうな顔つきになります（どうやらオムレツを想像するらしい）。ところが、ひとたび口に入れると「ＷＯＷ！」と様子が一変します。

外国人をとりこにするだし巻き卵の最大の特徴は、文字通りだしを使っていること。だしを要素分解すると、「うま味＋水分」となります。だし巻き卵という料理は、うま味はもちろんですが、「水分」が命と言ってもいい料理です。

ポイントはだし巻き卵にいかに水分を抱かせるか。まず大切なのは卵をしっかり溶くこと。特に濃厚卵白を溶ききらないと、その分が白身のまま固まってしまい、卵液への水分の受け入れ総量が減ってしまいます。

もうひとつ大切なのは砂糖を加えること。砂糖には水分子と結合しやすい性質があります。水分は大別すると「自由水」と「結合水」にわけられます。自由水は加熱によって蒸発しますが、砂糖と水分子が仲良くなった結合水は卵液にとどまります。結果として卵焼きの水分量が増えるというわけです。

さらにもうひとつ、劇的に保水力を向上させるのがでんぷんです。本書のだし巻き卵は保水力が高く、入手しやすい片栗粉を加えています。もともと、京都の料理屋が仕出し弁当用に、冷めても水分がしみ出さないよう工夫した手法とも言われていますが、片栗粉を加えると水分が多くても巻くときに破れにくく、保水力も上がります。

だし巻き卵を水分たっぷりのジューシーな仕上がりにするには、「卵をしっかり溶き、水の受け入れ量を増やす」「砂糖やでんぷんなど保水力を高める材料を加える」こと。昔ながらのレシピやプロの手法には、やはり理論があるのです。

## 鮨屋の卵焼きにもすべて理由がある

本書で紹介した鮨屋の薄焼き卵（P.28）の材料にもすべて理由があります。いまから50年近く前の「焼き物調理に関する研究　厚焼き卵について」という学術論文で魚のすり身入りの卵焼きについて触れられています。

例えば白身魚のすり身は、加熱により筋繊維がほぐれてやわらかくなる性質を持っています。白身魚を入れた分、相対的に卵の量が減り、破断強度が下がる――つまりやわらかくなります。さらに一定量のすり身が入ることで加熱時の卵の膨らみを抑える効果も期待できます。卵は泡立てると加熱時に膨らむものの、その後凹みやすい。すり身で、そのリスクが低減できるというわけです。また還元糖という糖分を多く含むみりんは、香ばしい匂いときれいな焼き色の源にもなります。

## 卵焼き器は本当に銅製がベストなのか

少し前にインターネット上で「銅と鉄とフッ素加工の玉子焼実験」というブログ記事が話題になりました。

キッチンツールの販売店が銅、鉄、樹脂加工という3種類の卵焼き器で、だし巻き卵を焼く実験をした記事です。結果は、銅がもっとも膨らみ、しっとり感があり、ジューシーでだしの味がおいしい。鉄製もわりとしっとりして、水分がある。しかし樹脂加工のものは卵がかたく詰まったような焼き上がりという評価をしたのです。しかも掲載された画像を見ると、明らかに銅製で焼いたものの断面がダントツで大きい。

ネット上は「やっぱり銅製すごい！」と大盛り上がり。僕自身も銅製の卵焼き器を愛用しているので、「おお。やっぱりいいんだ！」と思いかけましたが、ブログ記事をよく読んでみるとクビをかしげたくなる記述が……。実験時に、火加減を変えていたのです。「フッ素加工のは、強火だと焦げるのですが、弱火だと時間がかかりすぎ。鉄は意外と火の通りが早いですが、焦げやすいので気をつけて焼きました。5分くらいです。銅はいつも使っていますが、3分くらい。非常に早いです」

せっかくの実験なのに、条件を変えたのでは意味がありません。そこで自分でも銅と樹脂加工の卵焼き器（鉄製は持ってない）でなるべく条件をそろえて比較してみました。するとブログ記事ほどの巻き時間の差もつきませんし、「フッ素加工が強火だと焦げる」現象も確認できません。

確かに多少の差はつきました。それはそうでしょう。熱の伝わる速度を表す熱伝導率で比べると、銅398、鉄83・5、フッ素樹脂は0・24。銅がもっとも火力を素直に反映してくれるのですから。しかも使い込んだツールとなれば銅が有利に決まっています。だし巻き卵は、鍋肌に繰り返し冷たい卵液を注ぎます。そのたびに鍋肌の温度は下がります。その温度が焼きに最適な温度に早く戻ってくれたほうが仕上がりがいいのは間違いありません。銅製の卵焼き器で焼くと、たしかにデキがいい。

ならば、そのよさを正確に伝えればいいのに……。現代社会では、信頼できる情報とできない情報がないまぜになって発信されてしまいます。

SNSやブログの発達で、情報の発信者と受信者の境界線も曖昧になりました。卵ひとつとっても情報の受発信時に「何が正しい情報か」を選別する姿勢は、誰の身にも必要なスキルだと考えていいのではないでしょうか。

menu 005

／ごはんがすすみすぎる／

# 農家のとろとろ卵焼き

とろとろ食感、醤油がきりり！

**POINT!!**

**油しっかり強火で一気に仕上げます**

少し多めの油に強めの火。コツさえつかめば、卵を割って1分でできあがりという時短料理でもあります！

**■材料［2人前］**

卵…… 3個
オリーブ油……大さじ2
だし醤油……適量

**■作り方**

**I 下準備をする**

ボウルに卵を溶く。樹脂加工のフライパン（20㎝程度の小さめのもの）か卵焼き器を強火にかける。

**II 焼く**

鍋が十分温まったら、オリーブ油をひく。溶き卵を入れ、一気にかき混ぜ、全体が半熟になったら皿に取る。だし醤油を回しかける。

**あっという間にできあがり**

この数年、春は田植え、秋は稲刈りでお世話になっている、栃木県真岡市の絶品コシヒカリ農家、廣瀬農園のお母さんの卵焼き。初見時にはあまりの手早さに、何をどうしているのかわかりませんでした。

ごはんちょうだ～い!!

menu 006

＼断じて粉モノではありません！／

# 関西風お好み焼き

きちんとこってり、でもヘルシー

POINT!!

## 粉は少し！W卵を生地とトッピングに

「粉もの」扱いされがちなお好み焼きですが、粉はあくまでもつなぎです。卵と野菜を上手につなげましょう。

■材料［2人前］

卵……2個

A
- だし汁……40㎖
- 薄力粉……大さじ2～3
- 大和芋……大さじ2
- キャベツ……⅙玉（約200ｇ）
- 長ねぎ……1/6本
- 紅しょうが、天かす……各大さじ1
- 塩・ベーキングパウダー……各ひとつまみ

豚バラ肉スライス……2枚（約50ｇ）

ソース、かつお節、青のり、マヨネーズ……各適量

サラダ油……適量

■作り方

**Ⅰ 生地をつくる**

キャベツ、紅しょうがをあらみじん切りにする。長ねぎは小口切りに。大和芋はすりおろす。卵1個とAをボウルに入れてよく混ぜる。

**Ⅱ 焼く**

フライパン、もしくはホットプレートを中弱火にかけてサラダ油をひく。Ⅰをなるべく厚くなるよう流し込む。上に豚肉を平らにならして置く。7割方火が通ったらひっくり返す。

**Ⅲ 仕上げる**

温めた別のフライパンか、ホットプレートの空いたところにサラダ油をひき、卵を落とす。すぐにコテで卵黄を十字に切り、Ⅱをのせて生地を90℃回転させる。全体に火が通ったら、皿に取り、ソースなどをかけ、好みの味に調味する。

卵がマーブル模様になるよう、生地をのせたらすぐグルリ

# わたくし、たまご料理です

## 叩く、押さえる、厳禁です！

関西では常識ですが、お好み焼きは生地を叩いたり、いじってはいけません。生地を流したら待ち、引っくり返してまた待ちます。ホワッとした食感の中にある、卵とキャベツの甘味を存分に味わってください！

# なぜ卵は1日1個じゃなくてもよくなったのか

## コレステロールは食事で増えるわけじゃない

「卵は1日1個まで！　コレステロールが高くなるから！」

長〜く常識として言われてきた話です。ところがこの話、もはや世界的に間違い確定という勢いで、次々に各国の基準から撤廃されています。日本でも成人男性750㎎、成人女性600㎎が上限とされていた食事からのコレステロール摂取目標量が2015年に撤廃されたのです。

理由は「目標量を算定するのに十分な科学的根拠が得られなかったため」。実は、コレステロールの過剰摂取による動脈硬化のリスクについては、研究者の間で長く懐疑的な目で見られていました。

最近の研究では食事由来のコレステロールは20〜30％とされています。しかも食事から摂取する量が少ないと、肝臓でのコレステロール合成量が増え、食事から多く摂取すると体内での合成量が少なくなる。つまり卵を何個食べようが、その影響はいままでの常識よりも遥かに小さいというわけです。もちろん常識を超えた食べ過ぎは禁物でしょうが、「卵のひとつやふたつ」をそれほど気にしなくていいというのが、近年の学説となっています。

もっとも食事由来で上昇するコレステロールが限られているからといって、暴飲暴食をしてもいいというわけではありません。ストレスや暴飲暴食、過剰な糖質やアルコールの摂取は避けるべきだと言われていますし、もともと悪玉コレステロール（ＬＤＬ）の値が高い人は脂質異常症の可能性もあり、やはり摂取を控えたほうがいいとされています。

結局のところ、大切なのは糖質やアルコールなどの過剰摂取を避け、バランスの取れた食事をする。そして、適度な運動をするという当たり前の結論にはなるのです。

# 第2章

## ＼簡単そうで奥深い！／
# パーフェクトゆで卵

ゆで卵なんて、つくることができて当たり前。その思い込み、本当ですか？ トロトロ半熟のむき方のコツに、思い通りのゆで上がり。今日から「ゆでる」「むく」が何倍にも楽しくなります！

menu 007

## ゆで卵

お湯から入れて、黄身の半熟自由自在

／塩もお酢も必要ありません／

POINT!!

**ふだん使いの卵の特徴を把握する！**

卵のサイズや特徴は銘柄でも違います。使う卵を選ぶだけで、ゆで卵は上手に。「常温に戻す」にこだわらないで。

■材料［1人前］

卵……1個

お湯……適量

■作り方

**Ⅰ 冷蔵庫から出したばかりの卵でOK**

鍋に湯を沸かす。卵は、サッと濡らしてお尻側に押しピンなどで穴を開け、金属製のザルに入れておく。火を中弱火にしてザルごと卵全体が浸かる量のお湯のなかに沈める。冷蔵庫から出したばかりの卵でいいし、湯には塩も酢も入れなくていい。

**Ⅱ ボコボコ沸騰させない**

火力は、湯がボコボコ沸騰しない程度をキープ。賞味期限内なら転がさなくてもOK。そのまま目安の時間（冷蔵卵で卵黄の粘度の低いトロトロ狙いなら6分30秒が目安）を待ち、冷水に取る。

**Ⅲ 細かいヒビ＋流水でつるんっ！**

卵の殻をスプーンの背で叩いて、細かいヒビを入れる。薄皮と白身の間に水を入れてはがしていくイメージで、流水を当てながら（ため水の中でも可）、卵のお尻のほうからむき始める。

くわしくは次ページへ！ ←

# 「お湯から」がキホンです！

**ゆで時間はあくまで目安！**

最近小売りされている卵は、複数のサイズが混在しているパックもたくさんあります。「常温／冷蔵」の違いだけでも仕上がりは大きく変わります。サイズと温度の両方に気を配りながらゆで時間を調整しよう。

How to cook!

＼プロセス写真つきの完全解説／

# パーフェクトゆで卵ガイド

**これでダメなら卵をチェンジ！**

「ゆで卵なんて……」と甘く見ていたら大間違い。毎日のことだから、きれいにむけるだけで、気分も変わります。少し見直せば、ゆで卵はグンとおいしくなるのです。

**POINT!!**

・基本はお湯から6分30秒
・卵に細かいヒビを入れる
・卵殻膜と白身の間に水を入れる

**用意するもの**

卵
押しピン
鍋
ザル
スプーン
温度計（あれば）

専用器も売ってるよ！

## 1 卵のおしりに穴をあける

卵のお尻側に押しピンなどで穴を開ける。横着して、包丁の角などでコンッとやると全体にヒビが入るので要注意。

## 2 ザル

熱いからと、鍋に卵を放るように入れると、ヒビ割れの原因に。あらかじめザルに入れてから湯に入れれば、やさしく同時加熱を始められます。

### 3 湯温は90〜95℃をキープして

あるとベンリな温度計！

鍋中をボコボコ沸騰させると、卵がぶつかって割れやすくなる。ただし卵白をしっかり固めるために90℃程度の温度は確保したい。

↓

### 4 冷水で急冷する本当の意味

加熱を止めることで、半熟の加減をピタリとコントロールできる。水で急に冷やすことで膨張した身が収縮し、むきやすくなる。

↓

### 5 スプーンの背で細かくヒビを入れる

特に半熟卵では絶対の鉄則。「タッパーに入れて振る」「押しつけてゴロゴロ」は半熟だと身割れする。スプーンの背で殻を細かく軽く叩く。

↖

### 6 流水に当てながらむく

流水を薄皮と白身の間に入れながら、らせん状に少しずつむく。むき終わり部分の殻を指でグッと押さえて細かくすると、よりむきやすい。

↓

### 7 完成！

つるんとした白身の中にはとろんとした黄身

トロトロ半熟のゆで時間はまず6分30秒で覚えよう。その後は、よく使うサイズの卵や、常温か冷蔵かなど自分の習慣や生活様式とのすり合わせを。あとはP.41の仕上がり見本を見ながら、好みのゆで加減に仕上げるのみ。ゆでるほど、ゆで卵だってうまくなる！ ちなみにP.55の「ウフマヨ」のように黄身の粘度が均一に高い半熟を目指すなら、冷蔵庫から出した卵をお湯から6分ゆで、数秒間冷水に入れ、すぐ引き上げて10分以上、自然に冷ます。

## 実は「卵は少し古い方がいい」!?

「新しい卵だと、ゆで卵はむきにくい」。この事実は最近、世の中にもずいぶんと浸透してきました。しかし「新鮮だとむきにくい理由」にはまだ誤解があるようです。

新鮮な卵には、卵白に二酸化炭素がたくさん含まれています。このことから、「二酸化炭素が、ゆでると膨張し、白身が殻に押しつけられたような状態になってしまう。だからむきにくい」という俗説があります。

しかしゆで卵のむきやすさは、卵白の殻の内側にある膜（卵殻膜）と白身の結びつきの強さに由来します。その癒着の強さを決めているのがpHです。

新鮮な卵は卵白のpHが約7・6と、加熱した白身と膜が強く結びつく値となっています。そして卵の白身は時間がたつと、9・2くらいにまでpHが高く（アルカリ性が強く）なっていく。すると、卵殻膜と加熱した白身の癒着が弱くなり、むきやすくなるのです。

ではどの程度古くなるとむきやすくなるのか。学識者の研究によるとだいたい1週間前後という結果が出ています。海外の研究では「4℃で5日間、24℃で3日間、38℃で1日」という報告も。通常、卵は産卵から2~3日で小売店の店頭に並びますから、店頭で購入してから常温なら2日、冷蔵庫なら4日程度保存した卵なら、ゆで卵にしてもむきやすくなるというわけです。

ときどき「昭和の頃の卵はむきやすかった」という話を聞くことがありますが、それもそのはず。最近の卵はスーパーでも冷蔵フェースで販売されるなど、出荷から店頭まで冷蔵管理がされるようになりましたが、昭和の頃は常温保存が当たり前でした。家庭でゆで卵を作る頃には、採卵から常温で3日程度は経過しているので、むきやすいのも当たり前だったというわけです。

## 銘柄によってむきやすさは違う

もっともむきやすさは古さだけに由来するわけではないようです。今回、30種類以上の銘柄を「お湯から6分30秒の半熟ゆで卵」で試してみましたが、採卵日からの日数が同じでもむきやすさはまちまち。冷蔵流通で採卵日から3日程度なのにむきやすい卵があるかと思えば、店頭で常温保存、しかも時間がたって割引販売されている卵でもむきにくいものもありました。

「どうもゆで卵がむきにくい」なら購入するスーパーや卵の銘柄を変えてみるのも、むきやすさ向上には有効な手段になりそうです。

また単純にむきやすさだけを考えるなら、裏技もあります。卵をゆでるお湯に重曹を添加して卵の卵白と膜の部分をアルカリ性に寄せるのです。重曹は加熱するとアルカリが強くなります。沸騰させた湯に重曹を入れた重曹熱分解水（0・1％溶液）のpHは9・4。古い卵よりもpHが高くなるので、どうしてもむきにくい場合には試してみてもいいかもしれません。

もちろん卵のお尻に押しピンで穴を開けるのもお忘れなく。

## なぜ卵には「賞味期限」が採用されているのか

卵には「賞味期限」が設けられています。「当たり前じゃないか！」とお叱りをいただきそうですが、「賞味期限」とは本来劣化が比較的遅い食料品について「おいしく食べられる期限」を示したもの。卵、牛乳、納豆など一部の生鮮食品と、缶詰やインスタント麺、スナック菓子などの加工食品への表示が食品表示法で義務づけられています。

もうひとつ、日本には「消費期限」もあります。こちらは数日程度を目安に、食品衛生面で安全性に問題の出やすい生鮮食品や加工食品に対して設定されます。例えば、パックされた魚や肉、惣菜、弁当、サンドイッチ、サラダなど。

つまり賞味期限は「おいしさ」を担保し、消費期限は「安全」を担保するという住み分けになっています。安全面で間違いがあってはならない、「消費期限」の対象食品は、ゆとりをもって設定されているケースが多く見受けられます。

そして「卵」は「おいしさ」が重視される賞味期限の対象となっています。

実は卵は、そのイメージとは裏腹に傷みにくい食品です。生卵の卵白にはリゾチームという酵素が多量に含まれています。このリゾチームは細菌の細胞壁を構成する多糖類を分解する性質があります。つまり外側から殻↓卵白↓卵黄という構造の卵は、雑菌が増殖しにくくなっているというわけです。

イギリスのハンフリー博士の研究で卵は「冬季なら、サルモネラ菌は57日間増殖せず、生食が可能」とされています。理論値では保存温度10℃で57日間の生食が可能となっているので、冷蔵庫保存ならば、本来ほぼ条件は同等と考えられるはずです。

しかし落とし穴もあります。多くの家庭の冷蔵庫は、卵の収納場所がドアポケットに設定されています。実はドアポケットに卵を収納すると、卵の寿命が短くなりやすいのです。

その理由は「振動」と「温度」。ドアポケットに入れておくと開閉の振動でも、卵に微細なヒビが入ってしまう可能性があります。また、ドアポケットは冷蔵庫内でももっとも温度変化が激しい場所。卵はあくまでも生鮮食料品ということを忘れず、振動や温度変化の少ない場所に保存しましょう。保存の基本は「お尻が上」です。

menu 008

## 味つけ玉子

＼塩分控えて、白身プルプル／

白身のかたさは調味液の濃さで決まる

### POINT!!

**薄味×長時間 黄身まで味が入ります**

調味液を濃くすると短時間で白身に味は入りますが、白身がかたくなり、黄身にも味が入りません。

■材料［2人前］

●ゆで卵

お湯から6分30秒の半熟ゆで卵……2個

●調味液

（※市販のそばつゆを、ざるそばより少し薄いくらいにのばしても可）

昆布……5cm角

削り節……3g

醤油……大さじ2

みりん……大さじ2

水……100mℓ

■作り方

**I 調味液をつくる**

調味液の材料をすべて小鍋に入れる。弱火でゆっくり煮だし、煮立ったら火を止める。茶こしなどで漉して、あら熱をとる。（もしくは、濃縮タイプのそばつゆをざるそばのつけ汁程度にのばす）

**II 卵を漬ける**

Iをファスナーつき保存袋に入れ、ゆで卵を入れる。ストローなどでできるだけ空気を抜き、冷蔵庫で1晩〜2晩漬ける。

menu 009

／塩味は殻を突き抜ける＼

# 塩玉子

熱を取りながら、味もついちゃう！

■材料［2人前］

●ゆで卵

お湯から8分ゆで卵（殻むき前のもの）……2個

●調味液

水……150mℓ

塩……大さじ3

POINT!!

**殻の上から味つけするコンビニ仕様**

キンキンに冷やした飽和塩水に浸けると、殻の上からでも短時間で味がしみこみます。一石二鳥!!

■作り方

**Ⅰ 調味液をつくる**

水に分量の塩をできるだけ溶かして、ファスナーつき保存袋に入れ、冷凍庫で完全に凍らない程度に冷やしておく（凝固点がマイナス20℃以下まで下がるので家庭用冷凍庫では凍りにくい）。

**Ⅱ ゆで卵を漬ける**

お湯から8分ゆで卵を作る。熱いうちに殻をむかずにⅠに入れ、ストローなどで空気を抜く。そのまま、冷凍庫に戻して10分ほど置き、塩水から取り出す。食べる直前に殻をむく。

※すぐに食べられるが、塩水から出した後、殻つきのまま時間を置くと味がなじむ。

menu 010

## ／茶葉でもできる＼
# 半熟燻製玉子

**使い捨てアルミ鍋が大活躍！**

**■材料［2人前］**

味つけ玉子（P.48）、
　塩玉子（P.49）など…… 2個
ほうじ茶、ウーロン茶、
　紅茶などの茶葉
　……大さじ2
使い捨てのアルミ鍋（冷凍ラーメンの容器など）
　…… 2個
安価な焼き網…… 1枚

**■作り方**

**I 簡易燻製器をつくる**

アルミ鍋に茶葉を入れ、網を載せて中弱火にかける。煙が出始めたら、いったん火を止め、味つけ卵などを置く。

**II 燻煙を当てる**

その上から、もうひとつのアルミ鍋を逆さにしてかぶせ、再び中弱火にかける。煙が立ったら火を止めてそのまま冷ます。

POINT!!

**香りづけなら少しの煙で十分です**

すぐ食べるなら、燻煙を当てるのは数分もあれば十分。一緒にチーズやかまぼこを燻しても楽しい！

menu 011

## ／絶妙の黄身食感＼
# 温泉玉子
崩れないのにやわらかい！

■材料［2人前］
卵…… 2個（6～7個までOK）
水…… 2ℓ

POINT!!

**卵黄の加熱は温度以外に時間も重要**

卵の中心にある卵黄は温まるのに時間が必要。所要10～15分では卵黄のねっとり感が足りなくなる。

■作り方

**Ⅰ 70℃台のお湯をつくる**

鍋に卵1個につき300mℓ以上の水を張り、弱火にかける。鍋肌が小さな気泡でびっしり埋まったら（約70℃）、P.42の要領で卵をザルごと鍋に入れる。火をごく弱火にしてフタをして2分したら火を止める（目標温度60℃台後半）。そのまま10分置く（目標温度60℃）。

**Ⅱ 仕上げる**

フタを開けてごく弱火に5～10分かける（目標温度60℃台後半）。そのままフタをして10分以上置く（目標温度60℃）。65℃前後の最適温度帯で30分は加熱したい。

※水は卵が全部浸かる量を。できれば温度計を入手したい。通販でも1000円程度で入手でき、揚げ油やかたまり肉の温度も測ることができます。

menu 012

## ＼そば、うどん、つまみに／
# 半熟玉子の天ぷら

使い勝手が良すぎる半熟ゆで卵の展開例

■材料［2人前］

半熟ゆで卵……2個

小麦粉……少々

天ぷら粉……大さじ2

水……大さじ1½

サラダ油……適量

POINT!!

### 衣づけの前、まんべんなく小麦粉を振る

つるんとした柔肌から衣がはがれぬよう、小麦粉でしっかり衣づけを。高温短時間揚げで半熟をキープして。

■作り方

**Ⅰ 下ごしらえをする**

天ぷら粉と水を混ぜて、衣をつくる。半熟ゆで卵に小麦粉をはたく。卵がひたひたになる程度の油を鍋に入れ、中火にかける。

**Ⅱ 高温で揚げる**

油が約180℃（※）になったら、卵にまんべんなく衣をつけ、油で揚げる。全体が軽く色づいたら鍋から引き上げる。

※衣を目安にするなら、落とした衣が少し沈んですぐ浮くくらい。菜ばしなら、入れると全体から泡が勢いよく出る程度。

menu 013

## ＼（元）神保町・嘉門の／
# 練りウニの半熟玉子

ついつい日本酒が進んじゃう！

POINT!!

**日本酒に最高！ ウニと卵黄の濃厚なアテ**

卵黄とウニには、濃厚なうま味があります。ちびちび舐めれば口内でうまみ成分が暴発するおいしさ！

※神保町にあった居酒屋「嘉門」の名物料理。ご主人の永武雄吉さんは現在、仙台で「生計（たつき）」を経営。

**■材料［2人前］**

生卵……2個
練りウニ……大さじ5
卵黄……2個分
日本酒……小さじ2

**■作り方**

**I お湯から5分の半熟卵をつくる**

卵は常温に戻し、お尻の部分にピンで穴を開ける。鍋に湯を沸かし、卵を入れ、5分で水に取る。P.42～43の要領で殻をむく。

**II ウニソースをつくる**

小鍋に卵黄と日本酒を入れ、ホイッパーでよく混ぜながら湯煎にかける。卵黄がマヨネーズ状になったら練りウニを入れ、再び混ぜながら湯煎にかけ、角が立つまで練る。

**III** IIを皿に薄く盛り、Iをのせ、卵黄にかかる程度に切り目を入れる。

menu 014

# 料亭の半熟玉子

／京都朝食の定番／

再現度に挑戦

■材料［2人前］

生卵…… 2個

醤油……適量

POINT!!

**黄身とろ〜りの加熱加減を見極めたい**

白身は80℃以上できっちり固めて、黄身は気持ちとろりの60℃程度まで加熱したい。卵のサイズも重要です。

■作り方

**I 白身をかためる**

卵は常温に戻し、お尻の部分にピンで穴を開ける。鍋に湯を沸かし、卵を入れ、6分で水に取る。

**II 黄身を気持ちとろりとさせる**

水で10秒冷やしたら、いったん水から上げて2分常温に置き、再度冷水で冷やす。P.14〜15の要領で殻をむく。

**III 皿に盛る**

糸などで卵を切り、黄身の中央に醤油をちょんと垂らす。

menu 015

## ／ビストロ定番の前菜／
# ウフマヨ
正確には「ウッフ（卵）・マヨネーズ」

POINT!!

**どんな味を足すかがセンスです**

卵黄、ビネガー、ケチャップ、アンチョビ……。何でマヨネーズをゆるめるかが腕の見せどころ。

**■材料［2人前］**

ゆで卵……2個
マヨネーズ……大さじ3
卵黄……1つ分
アンチョビ……適宜
ワインビネガー……適量
パプリカ……適量
ドライパセリ……適宜

**■作り方**

**I ゆで卵をつくる**

P.42〜43の要領で好みの加減のゆで卵をつくる。おすすめはP.43最後のつくり方。

**II マヨネーズにハーブなどを足す**

マヨネーズを調合する。上写真はマヨネーズ大さじ2＋アンチョビ2g＋ワインビネガー1㎖（右手前）。マヨネーズ大さじ3＋卵黄1＋ワインビネガー2㎖（左手前）。お湯から12分の固ゆでの卵黄にマヨネーズを合わせ、白身の上に絞り戻せば、その色と形から「ウッフ・ミモザ」（奥）に。

※ポイントは酸味とうま味、コクのバランス調整。

## 固まる温度の不思議。白身は60～80℃、黄身は65～70℃。

まさか、これほどゆで卵と温泉玉子のみにページを割くことになるとは、当初は思いもしませんでしたが、確かに卵黄、卵白、それぞれの加熱変性はややこしいものです。ともに似たような温度帯でたんぱく質変性を起こすのに、それぞれ微妙に温度帯や特性が異なります。

たとえば卵黄は加熱すると、60℃あたりでようやく粘性が増す程度ですが、70℃付近まで温度を上げると、含まれる成分の大半が凝固してしまいます。

一方、卵白はといえば、主要なたんぱく質の変性温度が60℃（トランスフェリン）から80℃台中盤（オボアルブミン）まで広く散らばっていて、70℃くらいまではプルプルしたゲルになる程度の熱変性しか起きません。この温度差を利用して60℃台後半から70℃付近で加熱をすると温泉玉子ができるというわけです。

逆に半熟ゆで卵は、外側の白身を85℃以上の高温で加熱し、白身を完全に固め、早めに水に取ることで、卵黄の温度が60℃になる前に温度の上昇を止めるわけです。

P.53の「嘉門」の〝ウニ玉子〟などは、固めた白身のために生の卵黄をソースとして使う仕組みです。ウニは具とソース両方の役割を担い、卵黄がソースの役割をはたすというわけです。

一方、P.54の「料亭の半熟玉子」などは、ほぼ似た加減で引き上げますが、一度軽く冷やしたあと、そのまま常温に置きます。卵黄の粘性が少し増す温度まで引き上げようという狙いです。

とはいえギリギリを狙うと失敗も増えます。とりわけ最近の卵は出荷効率を重視してか、スーパーなどにおろす卵については、1つのパッケージに複数のサイズの卵が入っていることも少なくありません。「黄身は生、白身は固ゆで」を目指しても、サイズが変われば加熱時間や温度も変わります。

ゆで卵を調理する場合には、大きめの鍋を使い、安定した温度でゆでましょう。そのほうが、失敗するリスクを減らすことができます。

今回は半熟玉子を多く掲載しましたが、半熟ばかりが偉いわけではありません。最後に紹介した「ウッフ・ミモザ」などは固ゆでが向いています。

「黄身を知り、白身を知れば、百戦危うからず」とはよく言ったもので（本当は、誰もこんなことは言っていませんが）、まずは卵の特性をつかむことで、家の卵料理はグンとグレードアップするのです。

menu 016

＼3形態の卵が大活躍／

# エッグベネディクト

ひと噛みで卵が口内にあふれます

POINT!!

**オランデーズソースを覚えよう**

アスパラガスなど野菜のソテー、グリル、ボイルや、白身魚のグリルなどにも使える、実は超ベンリなソースです。

■材料［2人前］

(P.60〜61の)ポーチドエッグ／フライドエッグ……計2個
イングリッシュマフィン……2個
ベーコン……2枚
スモークサーモン……2枚
こしょう……少々

●オランデーズソース

卵黄……1個分
レモン果汁……大さじ1
塩……少々
胡椒……少々
バター……40g

■作り方

**I オランデーズソースをつくる**

バターをレンジにかけ、溶かしバターをつくる。卵黄とレモン果汁、塩胡椒をボウルに入れ、湯煎（※70℃が目安）にかけ泡立てる。泡立てながら、溶かしバターを少しずつ加える。

**II 具とマフィンを用意する**

イングリッシュマフィンを半分に割ってトースターで焼く。ベーコンとスモークサーモンはマフィンの大きさに合わせて切る。ベーコンをフライパンで焼く。

**III 重ねる**

焼いたイングリッシュマフィンの上にベーコンやスモークサーモン、ポーチドエッグ（フライドエッグ）をのせ、オランデーズソースをかける。好みで胡椒をふり、好みでイタリアンパセリなどを添える。

※70℃は、火にかけた鍋の内側に小さな気泡がびっしりついたような状態が目安。

## マフィンの間はうま味の宝石箱

具の卵とソースの卵、サーモンやベーコンなどすべてがうま味の宝庫。オープンサンドが基本だが、ソースや半熟卵黄の垂れリスクに加え、濃厚な味わいの調整用に割ったもう一枚のマフィンを受け皿代わりに使う手も。

menu 017

# ポーチドエッグ

＼新しい卵を選ぶだけ／

自身のなめらか食感！

■材料［1人前］

卵……1個

熱湯……鍋に深さ10cm程度

目の細かいアク取り網……1本

鍋の内径よりも少し小さな平皿……1枚

POINT!!

**必要なのはアク取り網と鮮度のいい卵**

酢や塩に凝固を頼る必要なし。お湯を温め、新鮮な卵の「濃厚卵白」のみを使えば、失敗知らず！

■作り方

**I 下準備をする**

鍋に湯を沸かし、ごく弱火にする。卵はアク取り網に割り入れて水様卵白（卵白のサラサラしたところ）を取り除き、小さな器に取る。

**II ゆでる**

鍋の底にくっつき防止の皿を入れ、低い位置から皿の上をめがけて器の卵を入れる。3分ほど加熱したら冷水に取り、キッチンペーパーなどで水気をふき取る。

menu 018

／オムレツ型の新定番／

# フライドエッグ

最高にカンタンで使える、半熟卵の新地平！

■材料［1人前］

卵……1個

サラダ油……50〜100㎖

POINT!!

**樹脂加工のフライパンでくっつかない**

意外に鍋肌にくっつくのでフライパンは樹脂加工で20㎝程度の小さめのものを。ひとつずつ作るのがおすすめ。

■作り方

**I 油を熱する**

器に卵を割り入れる。大きさ20㎝程度の樹脂加工のフライパンに油を入れ、中火で熱する。菜ばしなどで油温が180℃程度になっていることを確認したら、鍋を手前側に傾け、油のたまったところに器から卵を静かに入れる。

**II 成型する**

卵を入れたら鍋を手前にかたむけながら、卵の白身を寄せてオムレツ型に成型する。ターナーなどでひっくり返したら、好みの火の入り加減で引き上げる。

# 白身には2種類の卵白があります

卵の白身は大きく「濃厚卵白」と「水様卵白」にわかれています。よく「新鮮な卵は割ると中央がこんもりと盛り上がっている」と言われます。新鮮な卵は弾性の強い濃厚卵白の比率が高い。つまり卵黄を支えるクッションが大きく、しっかりしています。ところが卵が古くなると、濃厚卵白がだんだん水様卵白へと変化していきます。新鮮な卵は濃厚卵白が多く、古くなると水様卵白が増えてくるのです。

よくゆで卵やポーチドエッグのレシピには、「お湯に塩を入れましょう」「酢を入れて固まりやすくしましょう」というようなことが書いてあります。しかし、塩や酢にそうした科学的作用があるという話と、実際にうまく調整できるかは別問題です。

確かにある程度の量を入れれば、多少まとまりはよくなるかもしれませんが、それほど塩や酢を入れたら、余計な味もつきますし、水様卵白は不安定ですから取りこぼしもあります。うまくすくうことができたとしても、外側の「水様卵白」が不規則なヒダのような形にまとまってしまい、舌ざわりの邪魔になってしまいます。

**❶お買い求めいただいた本のタイトル。**

**❷本書をお読みになった感想、よかったところを教えてください。**

**❸本書をお買い求めいただいた理由は何ですか?**

●書店で見つけて　●知り合いから聞いて　●インターネットで見て
●新聞、雑誌広告を見て(新聞、雑誌名＝　　　　　　　　　　　　)
●その他(　　　　　　　　　　　　　　　　　　　　　　　　　　)

**❹こんな本があったら絶対買うという本はどんなものでしょう?**

**❹最近読んでよかった本のタイトルを教えてください。**

ご協力ありがとうございました。

郵便はがき

料金受取人払郵便

銀座局
承認

2070

差出有効期間
平成30年10月
28日まで
※切手を貼らずにお出しください

104-8790

627

東京都中央区銀座3-13-10
マガジンハウス
書籍編集部
愛読者係 行

| | | | |
|---|---|---|---|
| ご住所 | 〒 | | |
| フリガナ | | 性別 | 男 ・ 女 |
| お名前 | | 年齢 | 歳 |
| ご職業 | 1. 会社員（職種　　）<br>3. 公務員（職種　　）<br>5. 主婦 | | 2. 自営業（職種　　）<br>4. 学生（中　高　高専　大学　専門）<br>6. その他（　　） |
| 電話 | | Eメール アドレス | |

この度はご購読ありがとうございます。今後の出版物の参考とさせていただきますので、裏面のアンケートにお答えください。**抽選で毎月10名様に図書カード（1000円分）をお送りします。**当選の発表は発送をもって代えさせていただきます。

ご記入いただいたご住所、お名前、Eメールアドレスなどは書籍企画の参考、企画用アンケートの依頼、および商品情報の案内の目的にのみ使用するものとします。また、本書へのご感想に関しては、広告などに文面を掲載させていただく場合がございます。

濃厚卵白だけなら、塩や酢を使わなくても、ポーチドエッグは驚くほどきれいな形にまとまります。新しい卵さえ使えば確実にうまくいくのですから、不確実な手法を選択しなくてもいいのではないでしょうか。

「白身が少なくて寂しい」「お湯に散った分がもったいない」という方は、P.61のフライドエッグを試してみてください。昔なら連日オムレツを作るなどして鍛えたフライパンでないと鍋肌にくっついて難しかったレシピかもしれません。しかし、いまでは樹脂加工のフライパンさえあれば、かんたんにできるようになりました。

世界の卵レシピ、とりわけゆで卵のレシピの傾向を見ると、「沸騰したお湯で7分」というような時間で管理するのではなく、「74℃で45分」など加熱温度で管理するものが増えてきています。曰く、高温で調理すると白身がかたくなりすぎる、と。

まるで肉のレシピのようですが、最近肉焼きマニアの間で大流行している、ANOVA（0・5℃単位で温度コントロールできる、水温制御低温調理機）などは、卵のような素材にこそ有効な道具なのかもしれません。

道具の進化も手伝って、調理の常識は移り変わってきています。卵という日常にある素材だからこそ、まだまだ試すことができることは膨大にあるはず。誰もが納得できる答えは、思索と仮説、そして実践の先にあるはずです。

# ご存じですか？ 卵のサイズの話

## さまざまなサイズが混在する現代の卵のパック

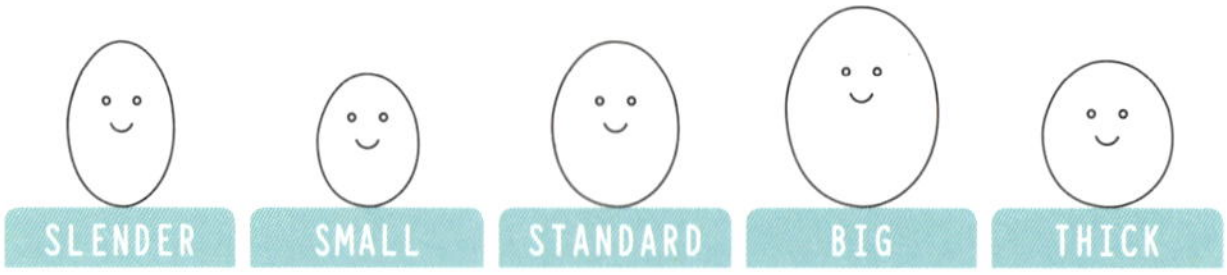


卵の形や大きさはひとつひとつ違います。細長いもの、真ん丸に近いもの、大きいもの、小さいもの――。農林水産省の鶏卵規格では、重さでサイズを決めています。30代以上の方なら「そんなの当たり前じゃないか」「パックごとにサイズでわかれているじゃないか」とおっしゃるかもしれません。

しかし現在のスーパーの店頭では、むしろサイズ別の卵のほうが少数派。さまざまなブランドの栄養強化卵などが「ＭＳ52ｇ～ＬＬ76ｇ未満」というふうにミックスサイズのものが流通しています（※本書はＭサイズ〈58ｇ以上64ｇ未満〉の卵を基準にしています）。

実際にミックスされたパックの卵を比較してみると、ぱっと見でだいたいのサイズの違いはわかります。特にゆで卵のように数十秒単位で仕上がりが違う料理は、同時に調理するサイズを合わせたほうが仕上がりをコントロールしやすくなります。買ってきた卵をサイズ順に並べ替えて保存するという手もあるかもしれません。

ちなみに「卵の大きさにかかわらず、黄身の大きさは同じ」という俗説がありますが、黄身の大きさは基本的に卵全体の重量に比例する傾向があります。

ただし卵にはけっこう個体差があって、卵全体の重量に比して25～35％くらいの範囲に散らばっていると考えていいでしょう。「同じ」派の人は「小さい卵の卵黄35％」と「大きな卵の卵黄25％」の印象が強くなっているものと思われます。

本来、卵だって生き物になるはずのものですから、ひとつひとつサイズや形が違って当たり前。養鶏場の規格外品などには、やたら太っていたり、超細長い卵もあったりします。それもまた卵の〝味わい〟だったりするのです。

第3章

## 相性最高のパートナー！

# 卵と相性最高 パン、麺、ごはん

サンドイッチ、カルボナーラ、たまごかけごはん、少し気をつけるだけでいつものあの〝たまごごはん〟はもっとおいしくなるんです！

menu 019

## ＼囲みのつくり方がポイントです／

# カルボナーラトースト

卵、チーズ、ハム、小麦の再構築

### POINT!!

**パン、卵白卵黄の加熱を使いわけて**

焦げやすいパン、固めたい白身、好みの半熟に仕上げたい黄身。加熱の加減を使いわけましょう。

**■材料［1人前］**

卵……1個
食パン（6枚切りor4枚切り）……1枚
生ハム……40g
粉チーズ／スライスチーズ……適量
黒胡椒……適量

**■作り方**

**I 土台をつくる**

卵は卵黄と卵白をわける。食パンの上に、4方を囲むように生ハムを配置し、あふれないよう内側に卵白を流し込む。

**II 焼く（その1）**

オーブントースターにプレート（もしくはアルミホイル）をしき、Iを4分焼く。

**III 焼く（その2）**

IIの生ハムの内側に沿わせるようにチーズを配置して、卵黄を安定させるスペースをつくる。卵黄を中央に落として2〜3分焼く。皿に取り、黒胡椒を振る。

卵白と卵黄をわけて、トロトロ自由自在！

卵界のヴィジュアル系

## 〝囲み〟にはいろんな素材が使えます！

ジブリアニメにも登場する「ラピュタパン」と言われる目玉焼きトーストの発展形。最初につくる卵白のための囲みは、生ハム以外にカットベーコン、そのほかマヨネーズやパンの耳なども活用できます。

menu 020

＼「いつもの」だけじゃつまらない／

# たまごサンド

ゆで、目玉、オムレツ、いろいろあります

POINT!!

**調理次第で味つけも変わります**

ゆで卵はゆで時間で味が変わります。目玉焼きはターンオーバー、京都風のオムレツサンドなども楽しい！

**■材料［1人前］**

卵……1〜3個
食パン（10枚切り）……2枚
バター……適量
和がらし……適量
塩こしょう……適量
マヨネーズ……適宜
中濃ソース……適宜
粒マスタード……適宜
サラダ油……適宜
グリーンリーフ……適宜

※お好みで下記の各サンドに必要な材料をご用意ください

**■作り方**

**パンの準備をする**

パンはそれぞれ片面に常温に戻したバターと和がらしを塗っておく。具をバターを塗った面にのせ、適宜切る。

**・マヨたまごサンド（A）**

お湯から12分ゆで卵（P.40）を1個つくる。白身はあらみじんに切り、黄身は細かくつぶしたものを合わせて、マヨネーズで和える。

**・マヨたまごサンド（B）**

お湯から8分30秒ゆで卵を1個つくる。白身は細かいみじん切りに。黄身はざっくりとつぶしたものを合わせて、マヨネーズで和える。

**・目玉焼きサンド**

ターンオーバーの目玉焼き（P.22）を2枚つくる。塩こしょうできちんと味をつけ、グリーンリーフとともにパンにはさむ。

**・オムレツサンド**

卵3個にひとつまみの塩を入れて溶く。中火にかけた樹脂加工のフライパンにサラダ油大さじ1強を入れ、半熟オムレツをつくる（返しや巻きは不要。ざっくりヘラでまとめる）。パンにソースとマスタードを塗り、オムレツをはさむ。

## 卵はいろいろできる子です！

いつものゆで卵×マヨネーズもゆで時間を変えれば、見た目や食感が変わります。具には、目玉焼き、オムレツだけじゃなく、フライドエッグや固めに仕上げたスクランブルエッグなども。味だってもちろん自由自在！

menu 021

／ホテル風の本格派／

# フレンチトースト

つけ込み24時間で食事からデザートまで

POINT!!

## 冷蔵庫内で濃度高まるとろふわ食感

パンと卵は保水力のかたまり。2つ合わせた保水力に加えて、冷蔵庫で濃度を増す濃厚とろふわ食感です。

■材料［2人前］

卵……4個
食パン（4つ切り）……2枚
牛乳……200mℓ
砂糖……30g
バニラエッセンス……少々
バター……10g
粉糖・メープルシロップ・ジャム……適宜

■作り方

**I 下ごしらえをする**

ボウルで卵をしっかり溶き、砂糖、牛乳、バニラエッセンスを合わせてよく混ぜる。食パンは耳を落とし、半分に切る。バットに半量の卵液を入れたところに切った食パンを並べ、食パンの上から残りの卵液を注ぐ。

**II 冷蔵庫で育てる**

バットにフタやラップをせず、そのまま冷蔵庫で半日置き、ターナーなどでパンの上下を返す。バットの底に残った卵液をレードルなどですくってパンの上からかけ、もう半日、冷蔵庫で置く。

**III フライパンで焼く**

フライパンを弱火にかけ、バターを入れる。バターが溶けきったら、IIをフライパンに置き、フタをする。6〜7分火にかけ、裏側に焼き色がついたらひっくり返して同じ時間焼いて皿に取る。粉糖やメープルシロップ、ジャムなどを添える。

## 冷蔵庫で濃厚に育てましょう

冷蔵庫で保管するときにはフタをせず、自然に水分を蒸発させて、卵と牛乳の味わいを濃厚に。卵液のしみたパンをバットの中で裏返すときとフライパンにのせるとき、パンがやわらかくなっているので取り扱い要注意！

# 欧米における卵とパンの関係性

日本でおなじみのフレンチトーストは、パンに吸わせた牛乳を定着させるために卵のたんぱく質を活用するものですが、あまったパンの耳や端切れを卵液につけ込み、ココット皿に入れてオーブンで焼いたプリン風の一皿もあります。前ページで紹介したものとは少し食感が違いますが、パンと卵の保水力で楽しい食感に仕上がります。

日本ではパンを液体に浸すメニューと言えば、圧倒的にフレンチトーストが有名でしょうが、海外ではパンに水分を吸わせるレシピは他にもあります。

特に豊富なのがイタリアのトスカーナ地方。塩やバターを使わない伝統的な製法のパン、「パーネ・トスカーノ」は翌日には固くなってしまうため、さまざまな料理に使われます。有名なのは「パンツァネッラ」でしょう。固くなったパンに水分を吸わせて絞ったものを野菜と和え、ビネガーやオリーブ油と合わせたサラダ仕立てのメニューです。

他にも、トスカーナには固くなったパンを使ったメニューがたくさんあります。キャベツやにんじん、白いんげん豆とコトコト炊いた「リボッリータ」。「パッパ・アル・ポモドーロ」はトマトとパーネ・トスカーノを煮込んで、オリーブオイルとバジルを加えた料理。温かくても冷たくてもいい料理です。

そのほかにも「カロッツァ」というフレンチトーストの間にハムやモッツァレラをはさみ、揚げ焼きにしたサンドイッチのようなメニューもありますし、洋書を調べていたら、挽いたソーセージやフォアグラの味を卵液に移し、そこにパンをつけ込むというアクロバティックなフレンチトーストもありました。

そもそもパンと卵というコンビ自体、欧米でも非常にポピュラーな組み合わせです。クロックムッシュ（ハムとチーズをはさんで焼いたパン）の上面に目玉焼きを盛りつけたクロックマダムもそうですし、型抜きした食パンの穴に卵を落としてフライパンで焼き上げる「Bird's Nest（鳥の巣の意）」という朝食メニューもあります。

卵を具としてはさむサンドウィッチや、目玉焼きトースト風情のメニューに、フレンチトーストなどなど……。

明治時代、日本人が本格的にパンに親しむようになってから、まだ百数十年しか経っていません。そのはるか以前から、卵とパンは長く蜜月の時期を過ごしてきました。われわれが知る卵とパンの関係はまだその一端に過ぎないのかもしれません。

menu 022

／卵はチーズ用のソースです！＼

# カルボナーラ

チーズ味と肉味がパスタに香ります

POINT!!

## 主役はチーズ 卵はつなぎに 徹します

カルボナーラのおいしさは、チーズ×卵黄×豚の脂味をいかに麺にまとわせるか。生クリーム？ 必要ありません。

■材料［1人前］

卵黄…… 2個分
厚切りベーコン（パンチェッタ）……40〜50g
パルミジャーノ・レッジャーノ（ペコリーノ・ロマーノ）……20g
パスタ1.9㎜（太めのもの）……100g
塩・黒胡椒……適量

■作り方

**I 下ごしらえをする**

鍋にたっぷりの湯を沸かし、1%分の塩を入れる。ベーコン（パンチェッタ）は1㎝角の拍子木に切る。パルミジャーノ・レッジャーノ（ペコリーノ・ロマーノ）はすりおろす。

**II 具・ソースをつくる**

パスタを湯に入れてゆでる。樹脂加工のフライパンを弱火にかけ、ベーコンを炒める。あまりいじらず、すべての面に焼き色をきちんとつける。パスタ鍋よりひと回り大きい金属製のボウルに卵黄、パルミジャーノ・レッジャーノ、ベーコンから出た脂を入れ、ボウルごとパスタ鍋の上にのせて、蒸気で湯せん。とろみがつくまで混ぜる。

**III 仕上げる**

時間通りにゆでたパスタをザルに取り、ボウルに入れて和える。とろみが弱ければ、再びボウルをパスタ鍋にのせて湯せん状態をつくり、混ぜる。ソースがパスタ全体にとろりとからんだら、塩で味を調え皿に盛る。黒胡椒をひき、ベーコンをのせる。

# とろ〜り、脇をかためます

## 目指す味と目的を明確に

すべてのパスタ同様、カルボナーラにも無数のレシピがあります。このレシピは濃厚なチーズの味&豚の脂のうま味を太いパスタにからめるためのもの。たとえば全卵を使うなら、仕上げで直火にかけるなど微調整が必要です。

menu 023

# ＼宇和海100年の味／ ひゅうがめし

半生で膨らむ白身魚×卵の風味

■材料［1人前］

卵……1個
白身／青魚刺身……6～7切れ
醤油……適量
ごはん……1膳
炒りごま、長ねぎ（小口切り）……適宜

■作り方

I ヅケを仕込む

刺身を醤油に10分ほど浸す。卵を溶き、ヅケにした刺身の半分を合わせる。

II 仕上げる

ごはんを茶碗に盛る。ヅケ入りの卵をかけ、残りのヅケを天に盛る。好みで炒りごまや長ねぎなどの薬味を散らす。

※宮崎から大分を経由して、愛媛に伝わったとも言われる漁師ごはん。作り方は家々で違ったようですが、白身魚やアジをヅケにして卵と一緒にごはんにぶっかけて食べるのは共通のよう。

POINT!!

**炊きたてなら魚のヅケが美しい半生に**

熱々の炊きたてごはんをちょっと多めに盛れば、卵と一緒にまぜても魚がちょうど半生の良い加減に。

menu 024

## かまたま

＼温度管理で味が変わります！／

素麺や冷や麦の熱々でもイケます！

POINT!!

**丼を温める。半分勝ったも同然です**

丼は熱湯で温め、卵も常温に戻しておく。この2点を守るだけで、卵の味が劇的に変わります。

■材料［1人前］
卵……1個
冷凍うどん……1人前
だし醤油……適量
長ねぎ（小口切り）……適宜

■作り方

**Ⅰ 下ごしらえをする**

熱湯で冷凍うどんを表示時間どおりにゆでる。丼に湯を張り、温めておく。別の容器にも湯を入れ、冷蔵庫から出した卵を1分ほどあたためる。

**Ⅱ 仕上げる**

丼と卵の容器の湯を捨てる。きっちり湯切りしたうどんを丼に盛り、卵を落とす。だし醤油を回しかけて、全体をからめる。好みで長ねぎを散らす。裏技的にはバターを入れるのもアリ。

# とろとろに加熱した卵はなぜうまいのか

卵の味の評価は、曖昧で難しい面があります。例えば卵黄ひとつとっても、水分と脂質の両方が含まれていたり、温度による粘度や性状が白身と黄身で異なるなど、味覚に関わる要素がとても複雑なのです。

食べ物の基本5味の「甘味、旨味、塩味、酸味、苦味」を数値化できる味覚センサーと言われる機械があります。おもしろいことにその味覚センサーでゆで卵の味を測定すると、旨味指数はゆで時間が長くなるほど右肩下がりのカーブを描くのです。

なぜ「おもしろいか」というと、そのカーブがさまざまな試食の現場での実感値と一致するわけではないからです。読者の方々もそうかもしれませんが、「卵はある程度まで温度を上げたほうがおいしく感じられる」というケースが多いのです。実際、卵にまつわるいろいろな企画で、さまざまなテイスターとご一緒させていただきましたが、そういう意見が圧倒的に多く聞かれました。

なぜ人の舌と味覚センサーの間にそうした差異が出るのでしょうか。

たとえば、「粘度」の問題が考えられます。三重大学の研究では、卵の食味を判断する官能試験では「とろみ」「歯ざわり」といった食感も重要な要因だと言及されています。それこそ「ねっとりとした官能的な食感」などは非常に数値化しにくいものでしょうし、粘度が上がれば、その分舌の上への滞留時間も長くなり、味の感じ方も変わってくるかもしれません。

そのほか「香り」の問題もあります。人の味覚は嗅覚と密接な関係があると言われています。温度が上がると揮発性の成分などは嗅覚で感じやすくなるでしょう。

人間の味覚は非常に複雑な仕組みでできています。一昔前は「甘みは舌の先端、塩味は舌の両側から中ほどにかけて感じ、酸味はさらにその後ろ、苦味は一番奥」と言われていましたが、近年この「味覚マップ」が間違いだということがわかりました。

現在では、昔は認められていなかった「うま味」も5つ目の味として認知され、その上、最近では第6の味の候補としてとして「カルシウム味」「脂肪味」「コク味」なども挙げられています。

例えば採卵用の鶏の飼料には、必ずカルシウムが配合されていますし、言わずもがな、脂質も卵黄に含まれています。そして「コク味」と関係があると言われるグルタチオンというアミノ酸も卵には含まれています。

これらの成分が正式に「味」として認められるかはわかりません。しかし卵には味を左右するかもしれない、〝おいしい〟不確定要素がたくさん含まれているのです。

menu 025

## 玉子丼

卵黄ひとつは"タレ"に専念させます

／卵黄と卵白の役割を再考察／

POINT!!

### 卵2つは「全卵＋卵白」と卵黄に分割

卵黄をソースとして使うために、具に「全卵＋卵白」を使います。卵白が多くても全卵だけの具に引けを取りません。

■材料［1人前］

卵……2個
かつおだし……100㎖
醤油……大さじ2
酒・みりん……各大さじ1
ごはん……丼1杯分

■作り方

I 下ごしらえをする

卵2つを割る。うち1個は卵白と卵黄にわける。全卵と卵白は混ぜて溶き、卵黄は別にとっておく。かつおだし、醤油、酒、みりんを丼なべに入れ、中火で煮立たせる。

II 玉子丼のアタマをつくる

煮立った丼なべに全卵と卵白を溶いたものを回し入れる。卵のフチが固まってきたら、軽くかき混ぜ、火を止めて卵黄を入れ、フタをして20秒蒸らす。

III 仕上げる

蒸らしている間に丼にごはんを盛り、その上にIIをすべらせるように盛る

「全卵＋卵白」でいつものおいしさ。別だて卵黄で最強化。

ところで、いつ崩す!?

### 卵黄は好みの加減を工夫して

卵黄は後のせよりも、一緒に蒸らして温めたほうがおいしさが濃厚に。ちなみに丼つゆは、丼なべの底に卵がくっつかないよう、多めなので少し別にわけてから盛ってください。足りなければ後から足せます。

menu 026

## 黄身だけのたまごかけごはん

／粘りの強いコシヒカリなどに／

〝ごはんのトロ〟を最高に活かす！

POINT!!

**炊きたてをすくうように盛るべし！**

コシヒカリのように粘り、甘みの強いごはんのうま味は、米粒同士が接するおねばにあり。炊きたては混ぜない！

**■材料［１人前］**

卵黄……１個分

炊きたてごはん……１膳

塩昆布……適量

**■作り方**

**I （おおまじめに）ごはんを炊く**

研いだコメを20分浸漬させ、ザルに上げて夏なら20分、冬なら40分（途中で一度上下を返す）置き、同じかさの水を加えて土鍋で炊く。炊飯器なら早炊きモードで。

**II 盛る**

炊きたてごはんの中央（※〝ごはんのトロ〟とも言う）を混ぜずに、すくうように茶碗に盛る。卵黄を落とし、塩昆布を散らしたら、箸で卵黄を切るように3～4回全体を大きく混ぜる。混ぜムラが大切なので混ぜすぎない。

※卵黄と塩昆布という水分の少ない素材で味をつけ、最小限だけ切り混ぜることでごはん本来の味をも楽しむことができます。

menu 027

にこまる、ヒノヒカリなど西のコメにも

# 卵別立てたまごかけごはん

黄身を少しずつ崩しながら、ごはんの食感もしっかり味わう

POINT!!

**鍋のフチ側のかたく炊けたごはんに最適**

汁物的解釈のたまごかけごはん。麺類のようにごはんのコシをしっかり味わいながら、卵黄で味の変化も！

■材料［1人前］

卵黄・卵白……各1個分
炊きたてごはん……1膳
醤油……適量
小ねぎ……適宜

■作り方

**I （わりとまじめに）ごはんを炊く**

研いだコメを夏なら30分、冬なら1時間浸漬させる。水を切り、やや少なめ（95％くらい）のかさの水で土鍋か、炊飯器の早炊きモードで炊く。

**II 盛る**

炊きたてごはんの鍋のフチのほうを茶碗に盛る。卵白を加えて泡が立つまで混ぜ、中央に卵黄を落として、醤油をひと回し。好みで小ねぎを散らす。

※市販の炊飯器はコメを研いですぐ炊いてもおいしくなるよう設計されています。ちゃんと浸けたコメなら早炊きモードがベターです。

menu 028

／どんなコメでもドンと来い！＼

# バター入りたまごかけごはん

カルピスバターや発酵バターならより最高！

POINT!!

**おいしい脂はごはんだってうまくする！**

炭水化物に卵にバター。うまいコメならなおうまく、そこそこのコメでも抜群においしくなる裏技的おいしさ！

■材料［1人前］
卵……1個
ごはん……1膳
バター……10g
醤油……適量

■作り方

**Ⅰ ごはんを用意する**

もちろん炊きたてが最高だが、とにかく温かいごはんを用意する。電子レンジ加熱でもやっぱり熱々がベター。

**Ⅱ 盛る**

ごはんに全卵を落とし、醤油をまわしかけ、ざっくり全体を混ぜる。バターを落とし、少しずつ溶かし、好みの加減に混ぜ合わせて食べる。

menu 029

ミルキークイーンなど
もちもち系にも

# たまごかけごはんですよ

もちもち、とろーんの佃煮風味！

POINT!!

**混ぜすぎずに楽しみたい各組み合わせ**

海苔の佃煮をごはんにのせたときのように、少しずつ崩しながら。卵も同じ調子でざっくり溶きながら食べたい。

■材料［1人前］

卵……1個

炊きたてごはん……1膳

海苔の佃煮……適量

小ねぎ……適宜

■作り方

I **（ふつうに）ごはんを炊く**

研いだコメを夏なら30分、冬なら1時間浸漬させる。水を切り、やや少なめ（95％くらい）のかさの水で土鍋か、炊飯器の早炊きモードで炊く。研いですぐなら炊飯器のふつうモードで炊く。

II **盛る**

炊きあがったごはんを茶碗に盛り、卵を落とす。海苔の佃煮を添え、小ねぎを散らす。好みの加減に合わせながら食べる。

# たまごかけごはん（ＴＫＧ）のバリエーション31

この世には無限とも思えるほどの卵かけごはんのバリエーションがあります。数年前、雑誌『dancyu』の仕事で約１００種類の卵かけごはんを試食したときには、「こんなバージョンまであるのか」と驚かされました。

固ゆで卵をごはんの上で崩しながら醤油をかけて食べたり、しらす干しと大葉のせん切りを散らしてオリーブ油をかけたりとさまざまなレシピがありましたが、そのほとんどが、「おおお、おいし〜い！」（byフードライターの小石原はるかさん）のです。

実はたまごかけごはんには、それほど長い歴史があるわけではありません。最初にその存在を確認できるのは江戸時代後期。鍋島藩が客人を饗応した献立に「御丼　生玉子」という記述が見られると、食文化研究家の江《え》後《ご》迪子《みちこ》氏が指摘しています。しかしそれ以降も長く卵は貴重品でした。結局、卵かけごはんが広く庶民の食事として定着するのは昭和30年代以降のこと。つまり、卵かけごはんは歴史の浅い料理なのです。

ここではまず、基本となる全卵×醤油を出発点に系統立てて整理してみましょう。

## ■基本形（①全卵＋醤油を混ぜ、ごはんにかける）

先混ぜ、後混ぜの違いこそあれど、このパターンが一番多いでしょう。亜種として②泡立つまで混ぜる。③7割程度の混ぜにとどめて、黄身の味わいと白身の食感を楽しむ、などもあると思います。

ネットなどで見かける④「先にごはんに醤油をかけて、後から卵をかける」は先がけの醤油がコメの香りや食感を消してしまう上、イマイチな卵でつくると生臭さが鼻につ いたりもするので醤油の量を増やすなど少し工夫が必要かもしれません。

## ■引き算系（卵黄、卵白のみ＋味つけ）

次に引き算です。P.82で紹介した⑤卵黄のみのレシピは、粘りと甘みの強いコシヒカリなどのごはんには最高です。炊きたてごはんの粘りと甘みを最大限に活かしながら、卵のおいしさ、塩昆布のうま味でおいしさが底上げされます。⑥ごま塩などもおすすめです。醤油を使わないのは、水分や油分を足すとコメのごちそうである「おねば」が舌にのらずに流れてしまうから。

とはいえ、ごはんの量が多かったり、卵黄が小さければ「おねば」の比率も増えるわけですから、その場合は⑦醤油＋卵黄も視野に入ってきます。⑧白身のみ＋醤油は、いつもの食感ですが、少々上品というか物足りなさが残るかもしれません。

## ■足し算系（全卵＋醤油＋α）

そしてもっともゴージャスなたまごかけごはんが足し算です。⑨P.84のようにバターを追加したり、⑩普通の全卵に、さらに卵黄ひとつ足すという〝追い卵〟。その他、⑪ふりかけ、⑫天かす、⑬かつお節、⑭ハム、⑮コンビーフ、⑯長ねぎ、⑰チーズ、⑱明太子、⑲おぼろ昆布などを具として足したり、⑳焼き海苔で巻くなど、おいしくなる足し算のバリエーションが非常に幅広いのは当然かもしれません。なにしろごはん＋卵＋醤油という懐の深い味にうま味が追加されているのですから。

## ■入れ替え系（全卵＋××）

調味料など味つけの土台を、他の味に入れ替えるパターンです。引き算系の卵黄のみのたまごかけごはんでは、水分を控えるために塩昆布などで固体の調味料を使いましたが、今度は味を変えること自体が目的です。

⑳P.85の海苔の佃煮もそうですし、㉑塩麹、㉒しらす＋大葉＋オリーブ油＋パルミジャーノ・レジャーノ＋ナンプラーなど一風変わった組み合わせにも応用できます。また㉓味つけ＝醤油は変えずに、生でなくゆでで卵を使うという一見乱暴に見える入れ替えもありますが、試してみるとこれが意外とおいしかったりします。よく考えたら、㉔おでんの玉子もごはんに合うのですから合わないわけがありません。もちろん㉕P.48の味玉や、㉖P.51の温泉玉子、㉗P.54の料亭玉子、㉘P.61のフライドエッグに㉙P.23の

（特に上段の超半熟）目玉焼きだって合うわけです。

もちろん、毎年田植えと稲刈りにおじゃましている、廣瀬農園のお母さんがつくる㉚P.34のとろとろ卵焼きなんて、例年田植えや稲刈りの参加者が奪い合うようにごはんにかける、めし泥棒の最たるものだったりします。

## ■分離系（卵黄＋卵白＋醤油）

最後の分離系は、卵黄と卵白をわけた㉛P.83の卵別立てたまごかけごはん。ずるずるとかっこむ飲み物系の食感ながら、混ぜ加減を不均一にすることで、一口ごとに味わいを変えていくというもの。わさびを少し添えると、さらに味の幅が広がります。

いずれにしても、卵で温度が下がるのですから重要なのはできるだけ炊きたてごはんを使うこと。そして生卵の全卵をかけるタイプのたまごかけごはんなら、冷蔵庫から出してすぐではなく、常温に戻した卵か、熱湯で1～2分ゆでて、あたためた卵を使いたいところ。それだけで、卵黄・卵白の味と香りが膨らみ、熱々ごはんのおいしさも最大限に活かせます。

卵×《かけ》ごはんの可能性は、まだまだ掘り尽くされてはいないのです。

menu 030

## ＼TKGから作っちゃいけません／
# 卵チャーハン
米の焼き目も味のうち

POINT!!

**卵に含ませた油を米全体にまとわせる**

「炒飯」は文字通り「飯を炒める」もの。卵でコメを覆うと卵は炒めすぎでボソボソ。コメも香ってくれません。

■材料［1人前］
卵……1～2個
ごはん……茶碗or丼1杯
サラダ油
……大さじ1～1½杯
塩……小さじ¼～½杯
うまみ調味料……適宜
スープ（水でも可）
……大さじ1

■作り方

**I 下ごしらえをする**

温かいごはんを用意する（冷や飯ならレンジで温める）。卵を溶く。

**II 炒める**

フライパンや中華鍋を強火にかけ、十分に温まったらサラダ油を入れる。溶き卵を入れたら、すぐにごはんを入れ、全体が均等に混ざるように炒める。塩（と好みでうま味調味料）を加え、最後にスープを入れ、全体に水蒸気をまとわせる。水分が飛んだら皿に盛る。

たっぷりめの油→卵→（よく混ぜる）即ごはんが鉄則

## 「パラパラ」は目的ではありません

「TKGパラパラ炒飯」は手段の目的化。ごはん粒を炒めてこそのおいしい炒飯です。中華店の炒飯に寄せるなら、うま味調味料の投入もいいでしょう。強火を鍋にしっかり当て、煽らず、短時間で炒めあげましょう。

## なぜ、卵かけごはん炒飯はおいしくないのか

炒飯（をつくるのが）好きなら、「パラパラになるから」と「TKG炒飯」（白飯に溶き卵をしっかり混ぜた、卵かけごはんを油をひいたフライパンで炒めるタイプ）を試したことがある人も少なくないでしょう。確かにパラパラにはなります。

でもTKG炒飯は本当においしいのでしょうか。ずっと鍋肌に当たり続けた卵はパラパラを通り越して、水分が抜けきったカサカサ状態。卵で完璧にコーティングされてしまったごはんは鍋肌に触れることもありませんから、香ばしさも物足りません。

TKGタイプ以外にも炒飯にまつわる誤解は数え切れないほどあります。

①鍋はあおって、直火の上にごはん粒をくぐらす。
②醤油は鍋肌から入れる。
③家庭の火力は弱いから炒飯がうまくできない。
④パラパラ炒飯には時間がかかる、などなど……。

こうした説が間違いだということを受け入れるのに、僕自身ずいぶんと時間がかかり

ました。いずれも昭和の頃に見た料理番組やレシピ本、料理マンガなどでなかば常識のように語られてきましたから。

①などは、昭和の料理漫画の礎『美味しんぼ』の4巻で主人公の山岡士郎がこんなことを言っています。

「鍋から放り上げられた飯が空中で炎の上を通り抜ける、その時、炎に直にあぶられる！　それによって余分の油がとんで飯がパラリとなり香ばしくなるんだ、鍋の中でイジイジかき回してるだけじゃ本当のチャーハンは出来ないんだよ！」

僕もずいぶんと長いこと、このセリフを真に受けていました。しかしよく考えたら、直火の上を一瞬通過させるだけなら、手のひらでだってできます。でも、別に手が焼けるわけではありません。それよりも鍋肌に触るほうがよほど熱いです。

②の「醤油は鍋肌から入れ」て香ばしさを出すというのも、そもそも醤油は香ばしさも持ち合わせていますし、「もう一段焦がしを入れたく」ても、鍋の中で炒められているごはんの上からかければ十分です。鍋肌から入れると、焦げた香りが上方では漂いますが、鍋中にはそれほど行き渡らず、しかも全体に混ざらないうちに、一瞬で蒸散してしまうため、妙な味ムラにもつながってしまいます。

③については確かにプロの火力は強力です。でも、特に現代の家庭のコンロの火力が足りないかというとそんなことはありません。鍋をあおるなどしてコンロの火をムダに空中に逃しているから火力が足りなくなるのです。

火の力を活かしきれていないから、④のようにパラパラにするのに時間がかかってしまいます。長時間火にかけた炒飯はパラパラなのではなく、カサカサになっています。火が飲食店ほど強くないなら、なおのこと熱を余すことなく鍋に伝える必要があります。

中華料理店で鍋を振るのは「ムダに使えるほど火力があまっていて、振ったほうが効率的に全体が混ざる」か「ヘラで混ぜるだけでは、焦げるほど火力が強い」という理由でしょう。

## 炒飯にとって本当に大切なこと

では炒飯のレシピで本当に大切なことはなんでしょうか。そしてなぜそうなるのでしょう。少し考えてみたいと思います。

### ●卵が先である。

まず、なにはなくとも卵です。卵は液状の水分を多く含みながら油ともなじむ性質があります。つまり、ごはんに油を薄く広く拡散させてくれるのが卵というわけです。ですから手順としては鍋に油を入れ、卵を入れてざっと全体をなじませる。そこにすぐごはんを入れることで、ごはん全体に油が回るのです。マヨネーズを使う裏ワザもこの基本からの派生型です。

仮にごはんが先だと、より油が大量に必要になったり、ごはんが鍋に焦げつきやすくなってしまいます。おまけに卵も細かく散ってくれません。炒飯好きにとっては、やや寂しい風情の仕上がりになってしまいます。

## ●ごはんは温かくなければならない。

冷やごはんは、でんぷんがβ化（老化）しています。かたくなっていて、米粒同士もすぐにはほぐれてくれません。おまけに温まるまでに、ごはんの水分はどんどん抜けていってしまいます。パラパラではなくカラカラ炒飯一直線。悲しすぎます。

あたたかいごはんなら、ほぐれるのも早く、仕上がりに近い温度からのスタートなので、加熱時間も短いから水分も抜けにくいというわけです

## ●鍋を振ってはならない。

鍋底に火を当てた状態を保つのが基本。振った分だけ火から鍋は遠ざかり、その分、炒め時間もかかってしまいます。そうは言っても鍋振りは楽しい作業。週末のレジャーとしてはつい振ってしまうとしても、ほどほどがよいかと思われます。

まずはこの3つ。他にも「油をケチってはならない」とか「最後に水分を加えると、水蒸気でごはんや卵がふっくらする」などあれこれありますが、そのあたりは他に加える具材の方々ともご相談なさってください。

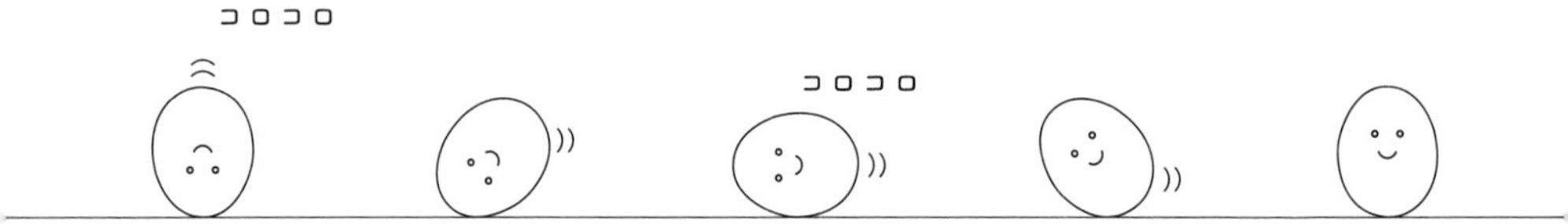
コロコロ
コロコロ

# 第4章

## ／再現できる！＼
## 都市伝説的卵料理！

その昔、「門外不出」、「幻」と言われたメニュー。地域の外では知られていない一品もありました。いまやそうしたメニューは道具の進化や情報の発達で、家庭でも再現できるようになってきています

menu 031

／中国でも「幻」と呼ばれた／

# 三不粘《サンプーチャン》

皿、匙《さじ》、歯につかないから「三不粘」

POINT!!

**弱火と根気と樹脂加工鍋で再現できます**

その昔、中国では「新品の鍋を使え」と言われる難しいレシピだったよう。樹脂加工の鍋なら再現も可能です！

■材料［2人前］
卵黄……2個分
水……100mℓ
緑豆でんぷん……35g
砂糖……35g
ラード……30〜40g

■作り方

**Ⅰ 卵液をつくる**

卵黄と砂糖をよく混ぜ、緑豆でんぷんを加えて、水でよく溶く。

**Ⅱ 鍋で練る**

樹脂加工のフライパンか鍋（少し深さがあるものがよい）を弱火にかけ、Ⅰを入れる。木べらなどでひたすらかき混ぜながら、ラードを3〜4回にわけて入れて練り上げていく。仕上がりの目安は、まとまりのいいカスタードくらいの質感。

※油と卵をしっかり乳化させながらじわじわ加熱していく。一気に固まり始める60℃台までに油はすべて投入しておきたい。うっかり火を強くしてしまって分離しかけたら、スティックミキサーなどで強引にまとめればある程度回復できるが、あくまで弱火で。

### でんぷん次第で味が変わる

でんぷんは、本場でも使われている緑豆でんぷんがベスト。コーンスターチだとやわらかすぎ、片栗粉だと少し固い上に馬鈴薯でんぷんの味わいが雑味になる。緑豆でんぷんは、製菓材料店か通販などで入手可能。

menu 032

## ＼静岡・袋井だけの味！／
# たまごふわふわ

淡雪のように舌の上で消える卵

POINT!!

**土鍋なら調整できる微妙な火加減**

「過熱」すると固くなったり、ぺしゃんこになることも。フタをして「蒸らす」と口当たりのいい「ふわふわ」に。

■材料［２人前］

卵……１個
だし……120mℓ
塩……１つまみ
薄口醤油……小さじ½
みりん……小さじ１

■作り方

**I つゆをつくる**

鍋に卵以外の全材料を入れ、ひと煮立ちさせる。

**II 卵を泡立てる**

卵にIから小さじ１のつゆを入れ、ミキサーで全卵のまま泡立てる。角が立つくらいまでしっかり。

**III ふわふわをつくる**

１人前用の土鍋に残りのつゆを張り、弱火で沸騰させる。IIを入れて火を止め、フタをして１分程度蒸らす。

**くれぐれも弱火がおすすめ**

「煮る」意識を捨てて、「余熱で蒸らす」を徹底して。火を入れすぎると卵が固くなるので、弱火＋蒸らしでふわっと仕上げます。多少レア気味くらいのほうが口当たりが良くなります。メニュー名を忘れずに。

ふわふわぁ〜

menu 033

＼いまや福岡でも幻／

# けんちゃんめし

卵味がやさしいかんたん炊きこみごはん

POINT!!

## 炊きたてに卵を混ぜ入れ花もふっくら

炊き上がったら、鍋の熱々のごはんに一気に卵を混ぜ込んで。あとは蒸らし時間が勝手に仕上げてくれます。

■材料［2人前］

卵……2個
米……2合
水……適量
油揚げ……2枚
醤油……大さじ2
砂糖……大さじ2
かつおだし……100mℓ

■作り方

**Ⅰ コメを研いで水に浸ける**

コメを研ぎ、炊飯器（もしくは炊飯用の鍋）に表示よりも気持ち少なめの水（かさで95％程度）を注ぐ。夏なら30分、冬なら1時間浸漬させる。

**Ⅱ 油揚げを炊く**

油揚げは食べやすいサイズに切る。醤油、砂糖、かつおだしを小鍋に煮立てたところに、油揚げを入れて、煮汁がなくなるまで煮つける

**Ⅲ ごはんを炊く**

Ⅱの8割程度の量の油揚げをⅠに入れ、炊飯器なら早炊きモードで炊く。卵を溶き、炊き上がったら、すぐ鍋の中に入れ全体を混ぜる。5分ほど蒸らしたら茶碗に盛り、残りの油揚げを散らす。

## 昔の福岡の夏祭りで炊かれた飯

大正から昭和初期の頃から、夏祭りのときなどに炊かれたごはん。当時は「米一升に三角揚げ二、三枚、卵四、五個」(農文協『聞き書 福岡の食事』)とあり、祭りであってもこのレシピよりも質素だったと思われます。

# 日本の卵料理も〝幻の味〟？

世の中には「幻の料理」と言われる料理がいくつもあります。P.98の「三不粘《サンプーチャン》」もそのひとつ。もともとは北京にある「同和居」という山東料理店のスペシャリテ。もともと非常に繊細な技術が必要とされ、手間もかかるので、日本でもごく一部の中華料理店でしか味わうことができません。

本来は「新品同様のピカピカの鍋」で「４００回かき混ぜる」ことが必要とされる、かなりハードルの高いレシピでした（実際にはそれ以上の混ぜが必要）。

しかし、道具の進化はそうした「特別」を日常に連れてきてくれるようになりました。焦げつきにくさでは、新品の鍋に勝るとも劣らない樹脂加工の鍋は、どこの家庭にも当たり前のようにありますし、スティックミキサーは30秒もあれば４００回、鍋やボウルの中をかき混ぜてくれます。つまりこうした道具が「幻のメニュー」の技術的なハードルを下げてくれるというわけです。

もっともハードルが下がったからと言って、技術の障壁がゼロになるわけではありません。「三不粘」も一定の手間はかかりますし、弱火が面倒だからと火を強くしてしまったりすると、卵と油の分離リスクはついてまわります。スティックミキサーで強引にまとめるという、家庭のキッチンならではのリカバリー法を付け加えることでなんとか掲載にこぎつけることができました。

実はこの「都市伝説」の章では、他にも紹介しようと考えていたメニューがいくつかありました。しかし天明5（1785）年に出版され「卵百珍」とも呼ばれた「万宝料理秘密箱」に掲載されている「黄身返し卵」（白身と黄身の位置を逆転させたゆで卵）などは、数十個の卵であれこれ試してみたものの、再現性がいまひとつ。成功したときのインパクトはありますが、果たしてこの本のような実用書向きかというと微妙です。

タイの焼き卵「カイソンクルアン」は殻に穴を開けて、一度取り出した中身に味をつけ、それを卵の中に戻して焼く。好きな人はいそうな味ですが、とてつもなく面倒な作業なのでこれも載録は諦めました。

最先端を行く調理科学系の洋書を開くと「DASHIMAKI TAMAGO」や「CHAWANMUSHI」が載っていたりもします（われわれが慣れ親しんだものとは、少しレシピが違いますが）。

世界には国の数だけ卵料理があります。現代に暮らすわれわれがよく知るあの一品は他の国では「幻の味」なのかもしれません。

＼そろえるだけでうまくなる!?／

# 卵をおいしくするアイテム

★★★★★

## 卵の穴あけ器

日本の全家庭必携！
ゆで卵が楽しくなる！

メーカー不明
（100円ショップで入手）

ゆで卵に必須のこんなにいいものが100円ショップで売っているんですから、いい時代になったものです。ちなみにドイツなどヨーロッパの一部の国では、1950年代には普及していたという話もあるほど歴史のあるアイテムなのだとか。ゆで卵を食べるすべての家庭必携のアイテムで、意外と代用できません。本編でも書きましたが、包丁のカドなどでコンコンやると殻全体にヒビが回って割れやすくなります。必ず専用器かピンを使いましょう。

★★★★

## 温度計

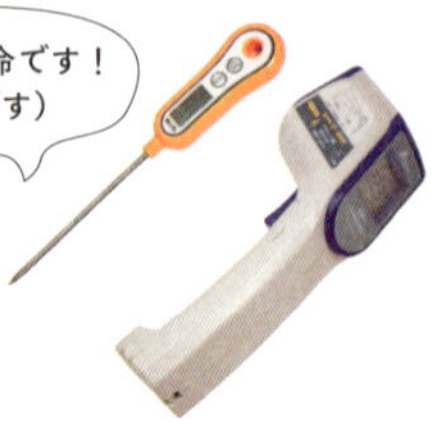
卵は温度が命です！
（本当です）

タニタスティック温度計（左上）
シンワ測定放射温度計（右下）

離れたところから温度を測る放射温度計と、刺せば肉などの内部温度も測ることができる芯温計タイプの2種類。放射温度計は揚げ物やお湯の温度管理に◎。近年、廉価化が進み、2000円前後から購入可能。芯温計タイプは蒸し物の温度管理にも使える。実売1000円以下のスティックタイプから、Bluetoothで転送先のスマホに温度を表示させたり、設定温度でアラームが鳴るタイプのものも。こちらは少しお高めの数千円。必要な機能に合わせてしっかり選んで。

★★★★

## スティックミキサー

卵以外にも
超使えます！

ブラウン
ハンドブレンダー

全卵の泡立てを手作業でやるのは、手間も時間もたいへん。電動のハンドミキサーがあればそちらで十分ですが、ハンドミキサーやフードプロセッサーをまだ持っていないという方は、これ一本で劇的にキッチンが楽ちんになります。本書のたまごふわふわ、カステラ、アイスクリームの泡立ても含め、一本あると超便利。購入時には、泡立て器やフードプロセッサー用のアタッチメントが付属しているかよく確認を。たまに泡立て器がついていない高級機も。

その他あるといいもの

★★★

### キッチンタイマー

**お持ちの方も多いでしょうが**

まだお持ちでない方はぜひ。お持ちの方ももうひとつ。なんだか叩き売りの口上のようですが、ゆで卵には欠かせませんし、固ゆでと半熟のゆで分けや、パスタなど他の調理にも必要なときのために。

★★

### クローバースプーン

**カラザが取れるスプーン**

クローバーの形を模した、先割れタイプのカクテルスプーン。毎朝たまごかけごはんを食べるという、大田区の町工場の社長の発明品。カラザの食感が苦手な方は、一度試してみる価値あり。

★

### 殻割り器

**エッグスタンド派のあなたに**

高級ホテルなどでお見かけする「エッグスタンド」に鎮座する、上部がカットされた卵。包丁では難しくても専用機器ならきれいな切り口に。あるかわからない「いざ」というときのために。

※★の数は必要度をあらわしています。

# 第5章

## 卵ソースを極めよう

／マスターすれば最強！＼

この頃、都に流行るもの。肉に卵黄タレソース……というわけで、ここ数年、卵黄のソースとしてのポテンシャルが一気に開花。でも昔から知ってる人は知っていた。

menu 034

## ／温故知新の新潮流！＼

# 肉用割り下卵黄ダレ

**肉ブームをけん引する、最強甘辛ソース**

POINT!!

**混ぜるだけ**
**簡単すぎて**
**うますぎる**

レシピというには、気が引けるほどかんたんなタレですが、それほどどうまい！　すべての肉にテッパンで合います。

■材料［2人前］
卵黄……2個分
醤油……大さじ1
みりん……大さじ1
酒……大さじ1
砂糖……大さじ1/2
水……50mℓ
昆布……5cm角程度

■作り方

**I 割り下をつくる**

小鍋に卵黄以外すべての材料を入れ、弱火にかける。沸騰したら火を止めて冷ます。

**II 仕上げる**

卵黄を混ぜる。

※割り下は市販のものでも可。ただし、かつおだし入りのように味が加わりすぎているものより、醤油、日本酒、みりん、砂糖などシンプルな素材のものがおすすめ。きりりとした味が好みならみりんや砂糖を加減して。

**肉の名店でも**
**続々採用中**

割り下は、もともとすき焼きの味の土台だから肉に合うのは当たり前。この数年、都内の焼肉店やかたまり肉を食べさせる名店が続々このソースを採用中。焼肉、ローストビーフ、しゃぶしゃぶにも合う万能ソース！

全肉が泣いた！

menu 035

## ちゃんこ鍋のタレ

／プロレス界最強の秘伝！＼

黄身×醤油×かつお節×青のりの相乗効果

POINT!!

**うま味のオールスター絶妙の合体技**

卵黄、醤油、かつお節、青のりという濃厚なうま味が勢ぞろい。数十年にわたり、受け継がれたちゃんこダレ

■材料［2人前］

卵黄……2個分
醤油……大さじ5
かつお節……10g（4パック）
青海苔……適量

■作り方

I まぜる

小鍋にかつお節を入れ、醤油をひたひたになる程度に入れる。卵黄と青海苔（かつお節の1／4量程度が目安）を加え、中火で絶えずかき混ぜながら煮る。全体がふつふつとし、とろみがついたら火を止める。

II 食べる

湯豆腐や鶏の水炊きなど、スープの味が強くない鍋物のつけダレとして使う。味が濃いので飲むなら鍋のスープやお湯で割る。

**道場でもガチンコ使い**

著者の初体験は1980年代。新日本プロレス道場の餅つき大会か見学時。当時から週刊プロレスなど、各メディアでも絶賛され、ちゃんこ番に受け継がれてきた歴史ある鍋ダレだが、実は本来、分量すべて「適当」。

最強の鍋ダレ！

menu 036

＼乳化させなくてもＯＫ／

# 万能卵黄ドレッシング

いつもの定番に黄身を足すだけ

POINT!!

**素材に合わせ調味料比率を調整できる！**

このレシピはあくまで土台。肉なら油を控え、魚なら卵黄を控え、野菜なら酢を控えるなど、好みに合わせた調整を。

■作り方

**Ⅰ ベースをつくる**

オリーブ油、ワインビネガー、粒マスタードに塩ひとつまみを加え、しっかり混ぜる（A）。別の器に卵黄に塩ひとつまみを入れて溶く（B）。

**Ⅱ 合わせる**

Ⅰ のAとBをざっくり合わせ、サラダにかける。黒こしょうを振る。

※黒こしょうに加えて、好みでチーズなどをかけてもいい。ほうれん草、ルッコラ、ローメインレタスなど味や香りが強い野菜にも合う。

■材料［1人前］

卵黄……1個分

エクストラバージンオリーブ油……大さじ2

ワインビネガーorレモン汁……大さじ1～2

粒マスタード……小さじ1

塩・黒こしょう……各少々

**センスで合わせが決まります**

乳化させないマヨネーズのようであり、冷たいオランデーズソースのようでもある万能ドレッシング。ポイントは乳化させずに、味ムラを楽しむこと。塩が足りないと感じたら、サラダに直接散らして。

包まれたい！

menu 036

フライがおいしくなりすぎる

# タルタルソース

副材料の漬物で、塩味、風味を決める

POINT!!

**ピクルスにも負けない、漬物使い**

素材の相性を考えたうえで、味にアクセントを加えることを目標に。副材料の塩分で味が決まるので、味見は必ず最後に。

■材料［4人前］

かたゆで卵……3個
玉ねぎ（中）……1個
マヨネーズ……120g（150mℓ）
塩……適量
レモン汁……大さじ1〜2
副材料（ピクルス、きゅうりの古漬け、しば漬け、塩昆布、甘酢生姜、ザーサイ、たくあん、いぶりがっこなど）……適宜

■作り方

**I ベースをつくる。**

卵、玉ねぎ、副材料はみじん切りにする。玉ねぎを小さじ1の塩とともにボウルに入れ、全体になじませて5分ほど置いておく。玉ねぎがしんなりしたらボウルに水を入れてざっと洗い、しっかり絞っておく。

**II 仕上げる**

玉ねぎ、卵、マヨネーズ、レモン汁を合わせてタルタルソースのベースを作っておく。食べる直前に副材料を合わせる。味を見て、足りないようなら塩を加える。

**ポイントは食材と副材の相性！**

副材料は「塩味」「酸味」「うま味」「（ピリ）辛味」「香り」のバランスから、合いそうなものを想定して。エビとしば漬け、カキと塩昆布、ホタテのザーサイなどの組み合わせのほかにも、ふつうのソースと併用するなら、甘酢しょうがを紅しょうがに変えたり、いぶりがっこでスモーキーな香りも。パセリを加えるなら、副材料を入れるタイミングで。作り置きでも副材料とパセリを入れなければ、味はにごりません。

フライにはこれ！
塩昆布
きゅうりの
古漬け
甘酢しょうが
ザーサイ
たくあん
ピクルス
しば漬け

## 飲食店を席巻する、卵黄という最強ソース

この数年で、飲食店、とりわけ焼肉店や塊肉を提供する店で、卵黄と割り下（もしくは醤油）を合わせる店が増えてきています。

もともとをたどればすき焼きとなるのでしょうが、国内で「たれ」「ソース」として卵黄が使われていたのは、焼鳥店における「月見つくね」と焼肉店のユッケくらいで、なかなかその他の使われ方には広がっていきませんでした。

きっかけを作ったのは、東京都内の焼肉店だったと記憶しています。２０１１年に「生食用食肉等の規格基準」が改正・施行され、それまでと同じ設備ではユッケが出せなくなりました。そこでこの焼肉店は似た味つけの「ローストビーフサラダ仕立て」というメニューを提供しはじめました。それから数年。現在では新規オープンする肉店では、もうこぞって採用していると思えるほどの勢いです。

面白いことに、卵の生食に抵抗感が強いと言われる欧米でも、卵黄を使った加熱控えめのソースには長い歴史があります。P.58のエッグベネディクトなどは、半熟（卵黄は

ほぼ生）のポーチドエッグと（雑菌を死滅させるほど加熱するわけでもない）オランデーズソースという〝生〟感全開の組み合わせです。

もっとも卵の生食習慣がある日本人が卵のことを知っているかというとそうでもありません。この本の冒頭の日持ちの話以外にも、誤解はあるようで、２０１４年のパルシステム生活協同組合連合会の調査によれば「卵の色は濃いほうが新鮮だと思うか」との設問に対して、全体の50・３％が「とてもそう思う」「そう思う」と回答したのだとか。もちろん卵黄の色と味は関係ありません。

イメージによって思い込みが働くのは、いずこの国も同じというわけです。

話は変わりますが、P.１１０の新日本プロレスの秘伝ダレには、本当に恐れ入ります。あの秘伝ダレは、いまから30年以上前に、卵黄、醤油、かつお節、青のりという調味料の組み合わせが確立されていました。かつお節のイノシン酸、醤油のグルタミン酸、卵黄に含まれるレシチンのコクに加えて、青のりにはグルタミン酸、イノシン酸、そしてきのこ類のうま味で知られるグアニル酸までもが含まれています。

すべての素材が味覚に強く訴えかける鍋ダレ。おそらく考案者の方は、それぞれの素材に含まれる成分からではなく、試行錯誤と味見を繰り返しながら、レシピを作り上げていったのでしょう。さすがは体が資本のプロレスラー。「食」に対する感覚の鋭さ、作り上げた味の正しさ、そして何より貪欲さに脱帽です。

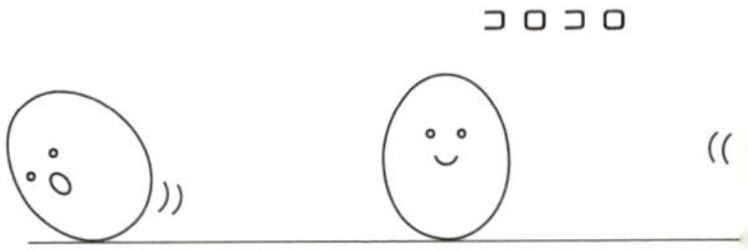
コロコロ

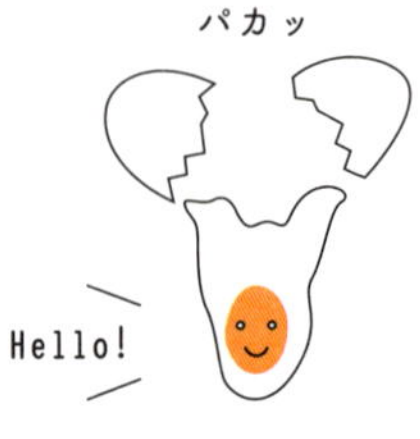
パカッ
Hello!

# 第6章

## 蒸す、泡立てる、冷凍する

／舌ざわりいろいろ！＼

加熱によって卵が変化するのは言わずもがな。では、蒸し、泡立て、冷凍で卵はどう変化する？　最適蒸し温度に、泡立ての意味。無限に変化する卵の舌ざわりをコントロールしたい！

menu 037

# ＼じわじわ加熱で目標80℃／ふるふる茶碗蒸し

卵とだしの一体感あるのど越し

POINT!!

弱火で実現！極上のふるふる食感

卵を通して具材を加熱するのが茶碗蒸し。型抜きの必要もありません。やわらかく仕上がる温度ならスも入りません。

■材料［4人前］

卵……2個
だし汁……400mℓ
醤油……小さじ1
塩……小さじ1弱
みりん……小さじ1
具材……刺身用白身魚、うに、かまぼこ、三つ葉など各適量

■作り方

I 下ごしらえをする

白身魚は醤油（分量外）に浸けておく。かまぼこは薄切りに、三つ葉は約2cm幅に切る。卵を溶いて、だし汁、醤油、みりん、塩を加えてよく混ぜる。こし器か目の細かいザルでこして、器に注ぐ。

II 蒸す

蒸し鍋に湯を沸かす。いったん火を止め、鍋に器を入れて具をのせる。鍋の両側に菜ばしを渡し、その上からふきんをかけ、フタを菜ばしの上に置く（すき間をつくる）。最弱火で着火し、20分ほどを目安に蒸す。器を軽く揺すって、表面が固まっているようなら竹串を刺し、透明なだしが出てくればできあがり。

※温度計があればすき間から差し込み、温度を計測。80℃台前半をキープする。

## 低温仕上げで具もやわらかく

白身魚やうにのようなやわらかい具材で、茶碗蒸しのなめらかな舌ざわりに合わせる。茶碗蒸しは卵液ごしに具材を蒸す料理。卵が固まる程度の低温で蒸すことで、鶏肉などもやわらかい仕上がりに。

menu 038

＼プリンは締めてうまくなる／

# 大人のプリン

甘さと苦さが一体のしっかり仕立て

POINT!!

冷蔵庫で1日寝かせて、なじませる

冷蔵庫内の空気が上から、飴状になった苦いカラメルが下からプリンの水分を吸収。濃厚になりながら味がなじむ。

■材料［4～6人前］

●プリン液

卵黄……3個分

全卵……2個

砂糖……45g

牛乳……300ml

バニラエッセンス……数滴

●カラメル

グラニュー糖……70g

水……大さじ1

熱湯……大さじ2

■作り方

**I カラメルをつくる**

小鍋にグラニュー糖と水を入れ、強火にかける。煙がもうもうと立ち、カラメル全体の色が濃くなったら火から下ろし、熱湯を注ぐ。熱いうちにプリンの容器に注ぐ（樹脂加工でなければ、先に内側にバター〈分量外〉を塗っておく）。

**II プリンをつくる**

**①プリン液をつくる**

卵黄に砂糖を加え、しっかり混ぜる。全卵を溶き入れ、泡立てないよう少しずつのばしながら牛乳を入れる。バニラエッセンスを入れる。

**②プリン液をあたためる**

鍋にプリン液を移し、弱火にかける。ゴムベラで底から混ぜ、60℃程度まで温める。浮いた泡をキッチンペーパーをかぶせて取り、容器に注ぐ。

**③プリンを蒸す**

蒸し鍋に湯を沸かす。いったん火を止め、鍋に器を入れて、1cmほどのすき間を開けてフタをする。最弱火に着火し、20～30分を目安に加熱する。器を軽く揺すって表面が固まっているようなら、火を止めてフタを閉じて自然に冷ます。

## 85℃でしっかり固める

90℃以上で蒸すとスが入りますが、80℃台前半以下だと締まりが甘くなります。蒸し温度はできれば温度計を使い、85～88℃キープを目標に。いい仕上がりには温度を上げるより、蒸し時間を伸ばす方を優先して。

# 似て非なる蒸し物、茶碗蒸しとプリン

茶碗蒸しとプリンは、ともに卵液を蒸して固める料理ですが、実はまったく違う料理と言っても過言ではありません。その特徴を比べてみると明らかです。

**茶碗蒸し**

- 温かいうちに食べる
- 卵液を介して具に火を通す
- 具には具としての
  おいしさも求められる
- 蒸したての質感が大切
- 一般にやわらかいほうが好まれる

**プリン**

- 冷たくして食べる
- 加熱の目的は卵液自体を
  固めること
- カラメルと一体となった
  おいしさが求められる
- ある程度水分を抜く
- 型から抜ける程度の固さは必要

茶碗蒸しは卵液だけではなく、最終的に具に火を入れることが目的です。茶碗蒸しの卵液は「だし」になめらかな食感を与えるもので、具には具としてのおいしさも求められます。また茶碗蒸しの場合、あくまで器の中で食べるものなのでプリンほどの固さは求められませんし、多少のス（小さな穴）が入った程度であれば作った人も作ってもらった人も気にするということにはなりづらいかもしれません。

一方、プリンはというと、卵液を固める料理（お菓子）です。ただし、それだけに卵液がどんな状態で固まり、冷やしたときにどの状態で安定するのか。型から抜いたときにどうなるかが重要ですし、作り手も「スが入ったかどうか」は結構気になるものです。もちろん、共通項も少なくありません。茶碗蒸しとプリンはどちらも全卵を使うタイプの料理です。つまりその凝固には卵黄と卵白、それぞれの特徴が入り混じって反映されます。卵黄はほとんどの成分が70℃前後で変性し、残りの成分も80℃で変性します。

ところが卵白は温泉玉子の項でも触れたように、60℃前後から数℃単位で変性温度の異なるたんぱく質がそれぞれ固まっていきます。しかも卵白には、85℃以上にならないと変性しない成分が複数あります。実際、プリンを蒸すとき、まったく同じプリン液でも80℃台前半と90℃では固さが変わります。

ちなみに、卵白と卵黄を混合して加熱すると凝固は卵黄に近い約66℃から始まるのは目安として覚えておきたいところ。ただし、66℃ですべてのたんぱく質が固まるわけではありません。

兵庫教育大学のチームの実験では、同じ量で希釈するなら水（だし）よりも牛乳のほうが固くなるという結果が出ていますが、一方で砂糖を加えるとやわらかくなるという実験結果もあります。つまりプリンは仕上がりがブレやすい材料でできているのです。

砂糖は甘味に加えて、やわらかさも卵に与えます。しかも砂糖の濃度が上がると、卵の凝固温度も上がります。しかもプリンは型から抜くので固めなければいけません。茶碗蒸しよりプリンのほうが温度を高めに設定する必要があるわけです。

また75℃、85℃、95℃と蒸し温度を変えた実験では95℃で蒸したプリンは型から外したとき、水分が多量に出てくる上、スが入り外観上も好ましくなかったといいます。

## スが入らない卵の蒸し料理のコツ

スという気泡は、卵液に溶けていた気体が集合し、熱膨張を起こしてできたものです。たんぱく質が熱凝固するときに、急激に膨張した気泡を取り囲むことによって生じてしまうのです。

プリンづくりで鍋ごと予備加熱をするのはそのためです。予備加熱をして、卵液中に溶けていた泡を卵液の表面に浮かび上がらせて、取り除く。これによってスが入る因子を減らすことができるのです。

スの入り方は、容器の素材にも左右されます。アルミニウムなど熱伝導のいい金属製の素材だとスが入りやすくなるのです。一方、ガラスや陶器製などゆっくり温度が上がる容器だとスが入りにくく、多少火加減を失敗してもいい仕上がりに持っていきやすいのです。

## プリンはなぜ締めるとうまくなるのか

本書のプリンのレシピは、卵多めで食感しっかり、甘さは控えめでカラメルもしっかり苦い。比較的大人向けの味になっていると思います。ですから冷蔵庫でぜひ1日寝かせてください。

まず元のカラメルが濃厚なので、1日程度かけてプリンの水分をカラメルにきちんと移動させないと型から抜きづらいという事情があります。そのついでにプリンの表面からも水分を蒸発させ、一段濃厚な卵の味を演出するのです。

さらにそうして時間が経つ間に苦いカラメルと甘いプリンの味がなじみます。蒸したてや冷やしたてだと、苦味と甘味の分離感が気になるかもしれませんが、このプリンは1日冷蔵庫で寝かせるだけで味なじみがグンとよくなるのです。

menu 039

／翌日以降が本領発揮です＼

# カステラ

焼きたてふわふわ翌日しっとり

POINT!!

**卵は温めてリボン状まで泡立てる**

泡立てた卵で生地を膨らませるカステラは卵の起泡性が頼り。泡立てるときの温度と加減が成功へのカギ。

■材料［16cm角の型１台分］

卵……４個
砂糖……100ｇ
はちみつ……大さじ１
水あめ……大さじ１
みりん……大さじ２
強力粉……120ｇ
ザラメ……適量
16cm角の焼き型
オーブンシート……適量

■作り方

**Ⅰ 下準備をする**

型にオーブンシートを敷き、底にザラメを敷く。オーブンを１８０℃に予熱する。強力粉をふるっておく。

**Ⅱ 生地をつくる**

ボウルに卵と砂糖を入れ、60℃程度の湯煎にかけながら、ハンドミキサーでリボン状になるまでしっかり泡立てる。はちみつと水あめ、みりんを湯煎であたためたものを混ぜ、強力粉を加えてゴムベラでさっくり混ぜる。

**Ⅲ 焼く**

型にⅡの生地を流し込み、10cmほどの高さからテーブルの上に数回落とし、浮いてきた気泡を楊枝でつぶす。１８０℃のオーブンで10分焼き、その後１６０℃に温度を下げ、30分ほどで焼き上げる。

**Ⅳ 休ませる**

焼きあがったら、型ごとテーブルの上に落とし、焼き縮みを防ぐ。型から外して裏返し、ラップで包んで常温で１～２日休ませる。

# 卵だけのふくらみ！

## 寝かせてからがカステラです

焼きたてはシフォンのようにほわっほわ。休ませることでカステラになっていきます。以前取材した長崎カステラの工場長さんは「5日目くらいがグッと締まって好みだねえ」とうれしそうでした。本当にお好きなんですね。

## 泡立てた卵を焼く、その手順の意味

ここでは卵の起泡性、つまり泡立ちを中心に考察してみます。まず先のカステラのレシピから要点となるところを抜粋しながら説明していきます。

**●ハンドミキサーでリボン状になるまで泡立てる**

「リボン状」はあくまで目安ですが、全卵をリボン状になるまで泡立てるのは、かなり大変な作業です。間違っても、手で泡立てようなどと考えてはいけません。カステラをつくるなら、ハンドミキサーは必須です。

**●卵と砂糖を60℃程度の湯煎にかける**

まず大切なのは「60℃程度の湯煎」。これは前の項にも出てきた全卵の変性温度66℃とも関係する温度です。変性温度に到達してしまうと起泡性が悪くなりますが、さりとて常温で泡立てるとオーブンに入れたあと、生地が焼成温度まで上がる前に泡がはじけてしまう。はちみつや水飴、強力粉を混ぜたら、すぐさまオーブンに入れるのも少しでも焼成温度に近い温度から焼きをスタートさせ、起こした泡を熱凝固で定着させたいからなのです。

**●焼く前に型に入れた生地をテーブルに落とす。浮いてきた気泡を楊枝でつぶす**

俗に「泡切り」と言われる作業（焼成中に行う手法もある）ですが、これにより小さな気泡が均一に散ります。泡切りなしのカステラは上方の気泡が大きく、下方の気泡が小さくムラができることがわかっています。均一な生地をつくるには泡切りが必要なのです。

ちなみに同じように卵の起泡性を活かしたケーキとの最大の違いは油脂分を使用するかどうか。例えばシフォンケーキは植物油を使うことで、特有のやわらかさと膨らみを得ています。

卵によっても、起泡性は変化します。泡立てやすいのは、少し古い卵。水様卵白が多く泡立てやすくなっていますが、濃厚卵白の多い新しい卵、上質な卵は泡立てるのに時間がかかっても泡の安定性は高く、焼き上がった生地にも均一で細かな気孔が認められるのだそうです。一方、安価な卵では部分的に気孔に亀裂が見られるなど、いまひとつ焼き上がったケーキの安定性に欠けるという報告もなされています。

menu 040

＼アイス好きもプリン好きも絶賛！／

# クレマカタラーナ

口のなかでとろける卵の甘み

POINT!!

生クリームと卵黄で作ったプリンを冷凍

……したようなものだと思って間違いありません。一部で人気に火がつき始め、ブレイク目前です。

■材料［4人前］

卵黄……6個分

グラニュー糖……100g

生クリーム……400mℓ

バニラエッセンス……少々

■作り方

Ⅰ 卵液をつくる

ボウルで卵黄とグラニュー糖を混ぜる。生クリームを少しずつ加え、ゆっくり混ぜながら弱火にかける。約60℃まで温めたらバニラエッセンスを加え、型に流す。

Ⅱ 蒸す

蒸し鍋に湯を沸かしたら、いったん火を止め、Ⅰを鍋に入れる。弱火にかけ、85～90℃程度を保って30分ほど蒸す。あら熱を取る。

Ⅲ 凍らせる

冷凍庫で1時間ほど冷やして表面にグラニュー糖（分量外）をかける。バーナーでカラメル状に焦げ目がつくまで炙り、冷凍庫に入れる。食べる15分前に冷凍庫から出しておく。

## スペインの超人気者

スペインのカタルーニャ地方の洋菓子。本来は食べる直前にまぶした砂糖をバーナーで炙るが、炙った後に冷凍するとひと手間減。フランスのクレームブリュレの起源ではないかともささやかれる業界の黒幕!?

menu 041

＼HAKUEI（PENICILLIN）直伝／

# 糖質オフアイスクリーム

ガチで本人も作ってます

POINT!!

**糖質ゼロ甘味料でもうまくなる！**

糖質オフに取り組むときの悩みが、甘いものへの葛藤。でもこのアイスは、本人&カリスマトレーナーのお墨つき！

■材料［4食分］

卵黄……5個分
卵白……1個分
生クリーム（乳脂肪分が高いもの）……200mℓ
糖質オフ甘味料……砂糖70g分（甘さ換算）
バニラエッセンス……適量

■作り方

**I ベースをつくる**

ボウルに分量の卵黄、甘味料、バニラエッセンスを入れてしっかり混ぜる。卵白をツノが立つまで、生クリームは7〜8割泡立て、ベースの卵黄と合わせて全体が均等になるまで混ぜる。

**II 仕上げる**

Iをバットなど金属製の容器に入れ、冷凍庫で凍らせる。そのまま凍らせてもいいが、1時間経過するごとに2〜3回、全体を混ぜ合わせると、よりなめらかな口当たりになる。

※砂糖を入れれば、ふつうのアイスクリームにも。

**体脂肪率7%を支えるスイーツ**

人気ビジュアル系バンドPENICILLINのHAKUEIさんはこのアイスで体脂肪7%をキープ。「たまに甘いものも食べたくなるんですが、糖質オフが手に入らないから作ることに」。

これで糖質オフ……

## 余った卵白の使い方とその考え方

半熟卵にしても卵黄ソースにしても、卵のおいしさはどうしても卵黄のほうがわかりやすい……。そう思われがちですが、卵白だって高タンパクでヘルシーですし、特に加熱したときのぷりぷりした味わいは代えがききません。

レシピサイトなどには「余った卵白の活用法」としてクッキーやマフィンなど、オシャレなメニューが紹介されていますが、気張ってしまうと疲れてしまいそう。ここではざっくりした使い方だけ、いくつか紹介しておきます。アレンジ自由自在!

### ●汁物の身

まず手軽なのがスープの浮き実。スープを沸かし、溶いた卵白をすり流します。とろみをつけた中華風コーンスープや澄んだ清湯《チンタン》との相性は抜群ですし、和風の味噌汁やすまし汁にもよく合います。洋風もコンソメスープに、ほうれん草を具に使ったスープ、シーフードミックスやカニ缶を使ったスープとの相性ももちろん◎です。

●あんかけ

あんかけ炒飯のような「あん」に白身はうってつけ。少し強めにとろみをつけたあんに、溶いた卵白をすり流します。豆腐や厚揚げのあんかけもいいですし、白いごはんにかけても構いません。ゆでた魚や肉、野菜にかければ一品に。カニやほうれん草との相性は言わずもがなですし、だしの味は中華風のほか、和風でもコンソメでも。

●目玉焼きの〝抜き〟

天ぷらそばの蕎麦抜きのことを〝抜き〟と言ったりしますが、目玉焼きから黄身を抜いた〝抜き〟もぷりぷりした食感が楽しいもの。特にハムエッグなどの抜きはパンとの相性最高です。フライパンで焼いてもいいですし、耐熱皿にハムやベーコンを並べて、白身を落としオーブントースターへ放り込めば「皿焼き」のできあがり。炒めたほうれん草やじゃがいもと合わせれば巣ごもり風に。P.61のフライドエッグも白身で作れば、焼きそばやパスタなど麺類のトッピングになったりもします。

その他、一品料理なら、白身だけの茶碗蒸し（だしの量は卵白の1・5〜1・7倍が目安）や中華の炒め物の「淡雪仕立て」（あんかけ炒めの仕上げに泡立てた卵白を投入）やかに玉のようなメニューも視野に入ってきます。白身は加熱すればクセのない使い勝手のいい食材。何か思いついたら入れてみる、くらいでいいいかもしれません。

## 主な用途別インデックス

## 調理法別インデックス

### 〈フライパンなどで焼きたい、炒めたい〉



### 〈オーブン、オーブントースターで焼きたい〉



### 〈鍋でゆでたい、煮たい、炊きたい〉

## 〈混ぜたい〉



## 〈揚げたい〉



## 〈蒸したい〉



## 〈泡立てたい〉



## 〈冷やしたい〉

# 参考文献


「NEW 調理と理論」山崎 清子、島田 キミエ、渋川 祥子、下村 道子、市川 朝子、杉山 久仁子（同文書院）／「おいしさをつくる「熱」の科学」佐藤秀美（柴田書店）／「マギー キッチンサイエンス - 食材から食卓まで - 」（著）Harold McGee、（監修、翻訳）香西 みどり（共立出版）／「Cooking for Geeks - 料理の科学と実践レシピ」（著）Jeff Potter、（訳）水原 文（オライリージャパン）／「新装版「こつ」の科学」杉田浩一（柴田書店）／「新版おかし「こつ」の科学」河田昌子（柴出書店）／「料理と科学のおいしい出会い」石川伸一（化学同人）／「食品・料理・味覚の化学」都甲 清、飯山 悟（講談社）／「料理の科学①」「料理の科学②」（著）ロバート・L・ウォルク、（訳）ハーパー保子（楽工社）／「理屈で攻める男の料理術」（著）ラス・パースンズ、（訳）忠平 美幸（草思社）／「調味料の効能と料理法」松田 美智子（誠文堂新光社）／「うま味って何だろう」栗原 堅三（岩波ジュニア新書）／「コクと旨味の秘密」伏木 亨（新潮新書）／「うま味―味の再発見」（編）川村 洋二郎、木村 修一（栄大選書）／「料理と栄養の科学」（監修）渋川 祥子、牧野直子（新星出版社）／「dancyu 日本一の卵レシピ」（プレジデント社）／『Modernist Cuisine: The Art and Science of Cooking』Nathan Myhrvold, Chris Young, Maxime Bilet, Ryan Matthew Smith（The Cooking Lab）

＊＊＊＊＊

田坂邦子、能島英子、松本武、守康則・鶏卵白蛋白質の酵素的研究（第2報）：貯蔵間におけるpHの変化及び蛋白変性について・家政学雑誌・1962、13（6）、p・399-401

守康則、能島英子、田坂邦子、松本武・鶏卵白蛋白質に関する研究（第1報）：鶏卵白蛋白質の酵素的研究・家政学雑誌・1962、13（5）、p・317-321

日比喜子・加熱卵黄の性状と組織・家政学雑誌・1979、30（4）、p・307-311

ゆで卵の殻のむきやすさに対する加温処理の効果（2）・岐阜県養鶏試験場研究報告・1991、38、p・37-40

吉松藤子・新鮮卵のゆで卵の卵殻のむけやすさに関する研究・家政学雑誌・1977、28（7）、p・471-476

小栗克之、三品和也、杉山道雄、荒幡克己、GPセンターにおける加工卵製造と今後の展望・岐阜大学農学部研究報告・1997、62、p・65-73

筒井 知巳、小原 哲二郎・鶏卵卵黄蛋白質成分の加熱変化について・日本食品工業学会誌・1980、27（1）、p・7-13

松本ヱミ子・卵の調理に関する食品組織学的研究（第1報）：ゆで卵の卵殻・卵殻膜および卵白について・調理科学・1973、6（1）、p・53-56

和田淑子、山崎清子・焼き物調理に関する研究（第7報）：厚焼き卵について・家政学雑誌・1970、21（2）、p・95-102

淺井智子・乳脂肪クリームと菜種油を配合したオムレツの組織構造とレオロジー特性・日本調理科学会大会研究発表要旨集・2013、25、p・58

坂口裕之、奈良部均、重松康彦、小林英明、卵黄レシチンの品位が乳剤の乳化安定性に与える影響について・日本油化学会年会講演要旨集・2005、44、p・223

平島円、寺内佑佳、磯部由香・鶏卵のおいしさの要因・三重大学教育学部研究紀要・2011、62、p・19-24

大門奈央、與田昭一、金光智行・卵黄レシチンがプリンの風味となめらかさに及ぼす影響・日本調理科学会大会研究発表要旨集・2013、25、p・211

岸田恵津、酒井佐知子、高木直美、生野世方子、金谷昭子・卵の調理性を学習するための実験教材の作成：家庭科教科書における卵の調理性の学習方法に関

する考察とカスタードプディングを題材にした調理科学実験の教材作成・兵庫教育大学研究紀要・1999、19、p・81-91

松本ヱミ子、重白典子・卵の調理に関する食品組織学的研究（第5報）：卵黄の添加物による変化について・調理科学・1979、12（1）、p・46-51

松本ヱミ子、重白典子・卵の調理に関する食品組織学的研究　4　卵調理における食塩の影響：卵調理における食塩の影響・家政学雑誌・1976、27（6）、p・397-402

松本ヱミ子・卵の調理に関する食品組織学的研究（第2報）：ゆで卵の卵殻膜について・調理科学・1973、6（1）、p・57-60

松本ヱミ子・卵の調理に関する食品組織学的研究（第1報）：ゆで卵の卵殻・卵殻膜および卵白について・調理科学・1973、6（1）、p・53-56

内島幸江、赤池節代・鶏卵の調理学的研究：第1報プディングの性状について・名古屋女子大学紀要・1973、19、p・9-14

西楽慈子、田村咲江・卵黄の加熱によるテクスチャーと微細構造の変化・日本家政学会誌・1998、49（4）、p・353-362

小川宣子・加熱速度、食塩濃度が卵白ゲルの物性及び表面構造に及ぼす影響・日本食品工業学会誌・1994、41（3）、p・p191-195

松元文子、向山りつ子・卵白の泡立に関する研究（第二報）・家政学雑誌・1957、8（2）、p・47-51

松元文子、向山りつ子・卵白の泡立に関する研究（第一報）：卵白の気泡・家政学雑誌・1956、7（3）、p・115-120

土井美友紀、芝崎本実、久保園麻衣、小磯和美、手塚有美、名倉秀子・カステラの性状に及ぼす調整条件の検討・日本調理科学会大会研究発表要旨集・2012、24、p・75

佐合徹、山　栄次・アイスクリーム少量製造技術の開発および粘度、温度変化の可視化・日本食品工学会誌・2015、16（4）、p・291-296

村田 安代、寺元 芳子・鶏卵の貯蔵と熱凝固性についてⅡ鶏卵の鮮度と加熱条件の相違がゲルの物性に及ぼす影響について：鶏卵の貯蔵と熱凝固性について（第2報）・家政学雑誌・1985、36（10）、p・763-769

村田安代、斎田由美子、松元文子・鶏卵の貯蔵と熱凝固性についてⅠ水様・濃厚卵白ゲルの物理的性状等について：水様・濃厚卵白ゲルの物理的性状等について・家政学雑誌・1985、36（2）、p・133-137

筒井知己、小原哲二郎・鶏卵卵黄たんぱく質成分の加熱変化について・日本食品工業学会誌・1980、27（1）、p・7-13

内島幸江、鈴木順子・鶏卵の利用に関する研究：Ⅲ・塩漬卵の性状・名古屋女子大学紀要・1976、22、p・25-30

安藤昭代、鳥居よし子、神戸鉦子・飯にかけた鶏卵の温度並びに消化に関する研究・東海学園女子短期大学紀要・1970、7、p・1-8

山脇芙美子、松元文子・鶏卵の調理に関する研究（第2報）：卵豆腐の加熱条件・家政学雑誌・1964、15（5）、p・248-251

山脇芙美子、松元文子・鶏卵の調理に関する研究：プディングの加熱条件・家政学雑誌・1963、14（3）、p・155-160

山脇芙美子、松元文子・カスタードプディングの堅さの研究・大阪女子学園短期大学紀要・1960、4、p・54-64

小林由実、和田真、山田和、加藤邦人、上田 善博、小川 宣子・揚げ油の温度が天ぷらの衣の品質に及ぼす影響・日本調理科学会大会研究発表要旨集・2012、24、p・164

久塚 智明、小川 宣子、渡邊 乾二・茶碗蒸しの物性に及ぼす影響因子の解析：第2報：ゲル化特性に及ぼす調理時の加熱条件、pHおよび食塩濃度の影響・日本調理科学会誌・2000、33（4）、p・451-455

久塚智明、小川宣子、渡邊乾二・茶碗蒸しの物性に及ぼす影響因子の解析・日本調理科学会誌・1999、32（4）、p・312-316

J.W.Goodrum; W.M.Britton; J.B.Davis. Effect of storage conditions on albumen pH and subsequent hard-cooked egg peelability and albumen shear strength. *Poultry Science*. 1989, 68 (9), p. 1226-1231

表紙・背表紙について

menu 042

## チキンライスゆで卵のせ

冷蔵庫から出してすぐの卵をお湯から6分ゆで、数秒間冷水に入れて取り出し6分放置したもの。P.55のウフマヨ用のゆで卵の中心部をさらに半熟に寄せました。特に冷蔵庫から出してすぐの卵の場合、卵黄への加熱を考えると「水に取らない」レシピも視野に入ってくると思います。チキンライスに乗せて卵を崩しながら食べる。オムライスとはまた違った味わいが楽しい!!

menu 043

## ラピュタパン

ジブリアニメ『天空の城ラピュタ』でおなじみの目玉焼き（P.23）のせトースト。P.66の「カルボナーラトースト」の原型ですが、後のせだけにパンのサクサク感はこちらに軍配があがります。

Special Thanks To

ごはん会。各位／給食系男子メンバー＆お客様＆関係者各位／下城民夫会長はじめ日本BBQ協会公認バーベキューインストラクター各位／マンガ大賞実行委員＆選考員各位／（元）宮崎牛BBQ部準備委員＆参加者各位／dancyu編集部／ディスカヴァー・トゥエンティワン／週刊SPA!編集部／斉藤賢太郎／小石原はるか／永武雄吉／HAKUEI (PENICILLIN)

八幡鮨　東京都新宿区西早稲田3-1-1　03-3203-1634
生計（たつき）　仙台市青葉区花京院2-2-8　022-224-4788
廣瀬農園　https://www.facebook.com/hirosenouen/

## 松浦達也

フード・アクティビスト。ライター／編集者。食専門誌から一般誌、新聞、書籍、Webなど多方面の媒体を主戦場に、「調理の仕組みと科学」「食文化」「食から見た地方論」など幅広く執筆、編集を行う。テレビ、ラジオでの食トレンド／ニュース解説のほか、地場産品のブランディングや飲食店のメニュー開発などのコンサルティングも。経営者、政治家、アーティスト、アスリートなどの書籍・コンテンツの企画・構成多数。著書『家で肉食を極める！　肉バカ秘蔵レシピ　大人の肉ドリル』（小社刊）ほか、自身も参加する調理ユニット「給食系男子」名義で企画・構成を手がけた『家メシ道場』『家呑み道場』（ディスカヴァー・トゥエンティワン）はシリーズ10万部を突破。日本BBQ協会公認BBQシニアインストラクター。調理師。マンガ大賞選考員。

STAFF

| | |
|---|---|
| ブックデザイン | 吉村 亮＋大橋千恵（Yoshi-des.） |
| 撮影 | 小笠原真紀、澁谷高晴、五條りほ、松浦達也 |
| フードコーディネート | 岩沢佳奈（chubby） |

おうちの卵料理が見違える！

**新しい卵ドリル**

2016年11月24日　第1刷発行
2017年1月13日　第2刷発行

| | |
|---|---|
| 著者 | 松浦達也 |
| 発行人 | 石﨑 孟 |
| 発行所 | 株式会社マガジンハウス |
| | 〒104-8003　東京都中央区銀座3-13-10 |
| | 書籍編集部　☎03-3545-7030 |
| | 受注センター　☎049-275-1811 |
| 印刷・製本 | 大日本印刷株式会社 |


ISBN978-4-8387-2898-5 C0095